Gaël Chatelain

JE ME TROUVE NUL(LE) mais je me kiffe !

Manager ou managé : bienveillance bien ordonnée commence par soi-même

TA VIE... EN MIEUX !
MARABOUT

SOMMAIRE

JE ME TROUVE NUL(LE), *mais je me kiffe !*

AVANT-PROPOS

Les gens qui se trouvent formidables m'inquiètent... ceux qui ne se trouvent pas top me rassurent. Et vous savez pourquoi ? Ils me semblent normaux et relativement en phase avec qui je suis. C'est un trait que l'on a depuis notre plus tendre enfance : nous avons tendance à nous sentir sécurisés par les gens qui sont, peu ou prou, semblables à nous-mêmes ; si vous fouillez bien dans votre mémoire, il ne fait pas bon être différent dans une cour d'école. Avons-nous tant changé que cela en vieillissant ? Pas sûr et, franchement, c'est tout de même hypersympa de constater que depuis que nous sommes jeunes, il y a des constantes !

Cela étant dit, je ne suis pas ici pour disserter sur notre capacité à s'acoquiner avec des gens différents, mais plutôt pour parler de notre capacité à bien vivre avec nous-mêmes, quel que soit le regard que l'on porte sur soi. Je ne suis ni psychologue ni un gourou du bien-être qui vit reclus dans un ashram en Inde six mois par an, mais, par contre, j'ai passé plus de 20 années en entreprise à constater que bien des personnes se sous-estiment professionnellement, et qu'ils/elles auraient beaucoup à gagner en changeant un tantinet leur regard sur eux/elles-mêmes.

Il est intéressant de constater que, finalement, notre capacité à s'apprécier est semblable à notre capacité à accepter la différence chez l'autre. Si, si, je vous assure. Le bouddhisme nous explique que chaque être humain a trois images de lui-même : celle qu'il voit dans le miroir, celle de la personne qu'il imagine que les autres voient et, enfin, l'image de la personne qu'il souhaiterait être. Ce même bouddhisme nous explique qu'il n'est possible d'être heureux que quand ces trois images se superposent parfaitement. Le problème est que, souvent, il y a un décalage entre ces trois images, des différences ! Et ces différences nous gênent, quotidiennement.

Soyons honnêtes : la normalité est de ne pas se trouver incroyablement beau ou belle, drôle et intelligent(e). J'aime cette citation de Voltaire : « la beauté n'est qu'un piège tendu par la nature à la raison ». Il faudrait être stupide pour se piéger soi-même, non ? Ce sont nos imperfections qui nous donnent l'énergie d'essayer de devenir meilleurs, de nous dépasser. Se contenter de ce que l'on est en s'admirant dans le miroir, cela s'appelle faire du sur-place !!! Amis insatisfaits : RÉJOUISSONS-NOUS, NOUS SOMMES NORMAUX ! Maintenant, et j'ai été comme cela pendant des années, nos propres imperfections peuvent nous empêcher de trouver le courage nécessaire pour « oser ».

La nature humaine est ainsi faite que la perfection, aussi inatteignable soit-elle, est un objectif. Comment obtenir la reconnaissance de nos pairs sans celle-ci ? Wonder Woman et Superman font plus souvent la couverture de nos magazines que monsieur et madame Michue. Ce qui est formidable, c'est que même le législateur est conscient de cette problématique. Depuis 2017, avec la loi de modernisation du système de santé, il est obligatoire de préciser sur les photos de mannequins si elles ont été retouchées ou non, ce qui est le cas de 100 % des photos de nos publicités... Les lobbys ont bien essayé de faire en sorte que cette confrontation avec la réalité ne puisse avoir lieu... peine perdue ! Comme le dit Woody Allen : « Existet-il dans la nature quelque chose de réellement parfait, à l'exception de la stupidité de mon oncle ? »

Bref, nous ne sommes pas parfaits, nous le savons, ça nous énerve, souvent, mais la question n'est pas là. La question est de savoir si nous pouvons faire de cette faiblesse une force. Avons-nous en nous-mêmes les ressources suffisantes pour penser qu'en tant que monsieur ou madame Michue, nous pouvons mettre une rouste à Wonder Woman ET Superman, le tout dans la même journée ? La réponse est oui ! Dans nos vies en entreprise, savoir changer le regard que l'on porte sur soi est essentiel pour être, si ce n'est heureux, tout du moins serein.

J'ai 47 ans à l'instant où j'écris ce livre. J'en suis à mon quinzième métier, et je suis, à ce qu'il paraît, un « slasheur », je me suis toujours amusé, j'ai pris quelques risques, parfois inconsidérés, mais tout cela je ne l'ai fait que pour une seule raison : je n'aime pas les Supermen !

Dans ce livre, vous ne trouverez pas de grandes théories fumeuses sur comment gérer sa carrière tout en étant heureux... juste un condensé de ce que j'ai constaté tout au long de ma carrière et qui fait la différence entre ceux qui réussissent... et ceux qui se plaignent. Soyons clairs, « réussir », ce n'est pas avoir une Rolex au poignet avant 50 ans. Réussir, selon moi, c'est juste avoir plaisir à se lever chaque matin en se disant que ce que l'on fait a du sens. Selon le cabinet Mozart Consulting, le mal-être au travail coûte chaque année 12 600 euros par salarié du fait, entre autres, de l'absentéisme. La question n'est donc pas seulement personnelle... elle est économique d'autant plus que selon la même étude, 80 % de ces coûts sont compressibles et, donc, récupérables !

Pour illustrer mon propos, je vais vous parler de Bob.

Bob, avant, c'était le pire manager que la planète entreprise ait jamais connu. Mais, depuis mon livre précédent (*Mon boss est nul, mais je le soigne*), il est devenu un manager plutôt correct ; pas le meilleur qui existe, mais il se débrouille. Il ne hurle plus quand il est contrarié, il arrive à l'heure en réunion, il laisse le droit à l'erreur à ses collaborateurs, il ne snooze plus tous les matins... bref, correct. Cependant, Bob a beau être devenu un bon manager, il ne sait toujours pas comment être bien dans sa peau ni comment faire évoluer sa carrière. Bob est comme beaucoup d'entre nous : peu sûr de lui. Il a conscience de faire son possible, mais malgré cela, il estime qu'il pourrait avoir plus.

L'idée de ce livre est d'expliquer à Bob comment, simplement, prendre son avenir en main... et le changer si besoin est. En effet, tout au long de ma carrière, j'ai vu trop de gens brillants rester à leur place juste parce qu'ils doutaient d'eux-mêmes ou ne changeaient pas quelques petits comportements très discrets qui au final se révèlent être néfastes. La vie en entreprise est beaucoup plus simple qu'on ne le croit souvent. NON, les promotions ne vont pas qu'à celles et ceux qui fayotent le mieux et le plus. Elles vont souvent aux personnes qui savent se mettre en valeur pour ce qu'elles sont... encore faut-il en être conscient !!!

Bref... lançons-nous en suivant Bob et voyons comment ce manager, mais il pourrait tout autant être managé, va faire pour changer sa vie sans faire (trop) d'efforts.

TEST

QUEL EST VOTRE NIVEAU DE CONFIANCE EN VOUS ? DÉTERMINEZ VOTRE INDICE DE « JEMEKIFFITUDE ».

Je vous l'accorde, une fois de plus, ce test n'est pas d'une valeur scientifique à toute épreuve. Cela étant dit, quand je m'amuse à faire les tests de personnalité de certains magazines, je n'ai pas le sentiment qu'ils soient tellement plus pointus. Mais, comme vous pourrez le constater, les questions qui vont suivre nous concernent toutes et tous... Alors... on joue ?

❶ Quand vous vous regardez dans la glace, au réveil, vous vous dites :

- ● Oulaaaa, mais qui est cette horreur qui me mate ?
- ★ Whaou, mais qui est cette bombe qui me regarde ?
- ▲ Okay, je n'aurais peut-être pas dû abuser du chardonnay hier soir, mais ça va.
- ■ C'est quoi cette nouvelle ride, là ?

❷ Quand vous pensez à votre journée de travail sur le chemin, vous vous dites :

- ★ Bon, comme d'hab, je vais tout déchirer.
- ■ OK, quelle galère va me tomber sur la tronche aujourd'hui ?
- ● C'est certain, c'est aujourd'hui qu'ils vont s'apercevoir que je suis une imposture. Pôle Emploi, me voilà !
- ▲ Allez zou, je vais faire de mon mieux.

❸ Quand vous arrivez au travail :

- ● Vous allez directement à votre bureau en regardant vos pieds.
- ★ Vous dites bonjour à tout le monde, individuellement, avec un grand sourire.
- ▲ Vous ne dites bonjour qu'à vos collègues.
- ■ Vous faites un bonjour général.

❹ En réunion :

- ● Vivons heureux vivons caché(e), vous ne dites pas un mot.
- ▲ Vous ne parlez que si c'est nécessaire.
- ■ Vous prenez des notes, inutile de parler.
- ★ Vous avez un avis sur tout.

❺ Quand vous pensez à votre salaire, c'est plutôt :

- ■ Franchement, je suis bien payé(e) pour ce que je fais
- ▲ Non mais c'est quoi cette aumône ?

★ Vu comment j'assure, ils devraient doubler mon salaire.
● J'ai un salaire, je m'estime heureux(se).

❻ Votre boss, vous en pensez :
★ Franchement, je ferais le boulot bien mieux qu'elle/que lui.
● Il/elle est bien gentil/le de ne pas me virer.
▲ Tout va bien, tout le monde est à sa place.
■ Je fais avec, il y a des hauts, il y a des bas.

❼ Vos collègues, vous en pensez :
● Heureusement qu'ils sont là pour m'aider.
■ Il y a des gens bien et des crétins mais la moyenne est pas trop mal.
▲ Tout va bien.
★ Une bonne bande de tire-au-flanc.

❽ Votre avenir professionnel, vous le voyez :
★ En toute logique, dans 4 ou 5 ans, je dirige la boîte !
● Si je ne suis pas au chômage prochainement, j'ai vraiment du bol.
■ Si je reste où je suis, tout va bien.
▲ On verra bien les opportunités qui se présenteront.

❾ Quand vous regardez en arrière, votre carrière c'est :
■ Quelque chose de classique.
▲ Je m'en suis pas trop mal sorti(e).

● Carrière ? Quelle carrière ?

★ Je n'en reviens pas comme j'ai assuré !

⑩ À votre avis, quand vos collègues parlent de vous :

★ Forcément, ils sont jaloux tellement j'assure.

▲ Comme dans la vie personnelle, il y en a qui m'aiment bien, d'autres non.

● Ils se moquent de moi, c'est certain.

■ Je n'ai aucune idée de ce qu'ils peuvent dire !

NOMBRE DE			
▲	■	★	●
....	....	....	....
x6	x3	x10	x0
....	....	....	....
TOTAL :			

Vous avez entre 0 et 10 points

L'estime de vous-même est un concept qui vous est étranger, c'est ça ? Bon, rien n'est définitif mais il va falloir à apprendre à vous regarder de façon plus positive de temps en temps. Vous allez voir, dans ce livre, vous allez trouver des pistes pour augmenter rapidement votre score. La perfection n'est pas de ce monde, certes, mais vous avez moyen de vous regarder dans le miroir en vous trouvant top !

Vous avez entre 30 et 80 points

Vous avez encore des progrès à faire pour avoir confiance en vous mais rien n'est perdu. Il y a des jours avec et des jours sans, c'est normal. Mais au travail, il y a moyen de faire en sorte que le nombre de jours sans recule. La vie au boulot, ce n'est pas la vraie vie, c'est assez simple de changer rapidement, je vous assure. Un peu de volonté, un tantinet de confiance en plus et... c'est parti !

Vous avez entre 80 et 99 points

Vous êtes parfait(e) ! Je me demande même pourquoi vous avez acheté ce livre à vrai dire, mais ça, c'est une autre histoire. Le bon équilibre entre confiance et doute, c'est vous. Sur une journée, vous vous dites plus souvent que tout va bien plutôt que la vie est une horreur et, franchement, c'est agréable, hein ? Vos axes de progrès sont sur des « détails » mais le nirvana professionnel n'est plus très loin pour vous. Allez, un dernier effort !

Vous avez 100 points

Sérieux ? Bon, soit vous êtes un(e) sacré(e) mythomane, soit c'est la réalité et j'adorerais vous rencontrer afin de savoir à qui ressemble le dieu/la déesse de la confiance en soi au travail. Peut-être pourriez-vous écrire un livre et donner des conférences ? Une chose est certaine, la lecture de ce livre va bien vous faire rigoler !

KIFFE-TOI
TOI-MÊME, BOB

CHANGE TON REGARD SUR TOI, BOB !

« Quand je me regarde, je me désole, quand je me compare, je me console. »

Talleyrand

Près de 68 % des sondés ne sont pas très sûrs d'être intelligents (dont 72 % de femmes).

54 % des Français n'aiment pas leur aspect physique. Parmi eux, 65 % sont des femmes. (TNS Sofres)

Près de 53 % des sondés doutent de leurs capacités à bien s'habiller. Parmi eux, 61 % de femmes.

54,1 %

se considèrent complexés.

70 %

des sondés doutent parfois ou souvent de leur niveau de culture.

Bob, quand il arrive au bureau, dans l'ascenseur, assez machinalement, il se regarde dans le miroir. « Miiiiince, c'est quoi cette nouvelle ride ? »... « Arrrrrgh, un nouveau cheveu blanc »... « J'aurais pas un peu grossi dernièrement ? » Quand il se compare à son collègue de bureau qui s'exprime si bien en réunion, il a du mal à se trouver brillant.

L'ÂGE INGRAT...

Bref, Bob n'a qu'une confiance très relative en lui-même. Il a beau donner l'impression aux autres qu'il est sûr de lui, la réalité est très éloignée de ce mirage. Son voisin est mieux fringué, mieux gaulé, plus intelligent, plus calé en informatique que lui... que sais-je. Il trouve toujours un moyen de se dévaloriser sans pour autant le laisser paraître. Bon, comme je le disais en introduction, se trouver absolument génial en tout point n'est pas non plus la chose la plus constructive, mais il y a probablement un juste milieu à trouver et cela s'appelle : l'objectivité.

Prenons pour exemple un fait que nous partageons tous, sans exception : vieillir !

Bob ne supporte pas de prendre de l'âge. Bob n'a pas encore 50 ans et n'a toujours pas de Rolex... et il se met une grosse pression. Pour lui, vieillir n'est pas le gage de plus d'expérience, mais celui d'avoir raté, c'est certain, un paquet d'opportunités. Par ailleurs, il se souvient de ses 20 ans. Beau gosse à cette époque, le Bob ! Il la regarde avec nostalgie, pour ne pas dire regrets.

Chers amis, j'ai une bonne et une mauvaise nouvelle.

La mauvaise, c'est que nous vieillissons et que, sans doute aucun, nous ne serons plus jamais comme nous étions quand nous avions 20 ans. La bonne ? C'est que quel que soit notre âge, nous pouvons être au top. Dans la culture chinoise, si vous demandez à quelqu'un « quel est votre âge préféré dans votre vie ? », la réponse sera toujours celle-ci, avec un peu d'étonnement dans le regard : « Ben... le mien ! Étrange votre question. »

Contrairement à la Chine, notre société met la jeunesse sur un piédestal, comme si le fait de vieillir n'était qu'un lent, long et douloureux chemin qui nous menait tout droit vers la dépendance et la maison de retraite.

Être jeune, c'est avoir l'avenir devant soi et un champ des possibles extrêmement vaste. Prendre de l'âge, c'est exactement la même chose, certes avec moins de temps disponible, mais avec beaucoup plus d'expérience permettant d'aller plus vite à l'essentiel !

MIROIR, MON BEAU MIROIR

Se regarder dans le miroir, ce n'est pas se trouver beau, jeune, brillant, génial et tout-puissant, ni ne pas se regarder ; c'est s'observer en essayant de se voir tel que nous sommes... ni mieux ni moins bien. Et vous savez pourquoi ? Car nous n'avons pas le choix. Ceux qui réussissent sont ceux qui ont confiance en eux. Pas parce qu'ils sont meilleurs ou plus intelligents... juste parce qu'ils assument qui ils sont et se sentent plus libres, et surtout, légitimes, pour agir.

C'est en connaissant ses faiblesses que l'on optimise ses forces. Un judoka vous expliquera même qu'il faut s'appuyer sur la puissance de son adversaire pour réussir à le mettre à terre. Le judoka qui se focalise sur ses propres faiblesses n'a aucune chance de vaincre.

EN APARTÉ...

Je ne sais pas pour vous, mais je regarde parfois en arrière en me disant que vieillir n'est pas toujours cool, comme Bob. Moins de

cheveux – tout en sachant que ceux qui me font l'honneur de rester ont une fâcheuse tendance à vouloir devenir blancs –, plus de rides, plus de poids, etc. Parfois, la tentation d'utiliser la technologie pour changer ça me titille. Et je ne suis pas le seul dans ce cas.

La chirurgie esthétique représentait en 2016 un marché mondial de 8,5 milliards d'euros, qui devrait atteindre les 20 milliards en 2020. La moitié de cette somme est consacrée uniquement au botox. Ces satanées rides ! (Le prix moyen des actes de chirurgie esthétique a baissé de 50 % en dix ans.) Contrairement à ce que je pensais avant de me pencher sur le sujet, ce sont surtout les personnes avec des revenus moyens qui font appel à la chirurgie esthétique ; ce n'est plus réservé à une « élite ». En France en 2010 (sondage Harris Interactive), 87 % des femmes déclaraient qu'elles aimeraient changer une partie de leur corps ou de leur visage si elles le pouvaient. En première place, le ventre (64 %), les cuisses (50 %), les fesses (38 %) et enfin les seins (37 %). Selon un sondage OpinionWay pour la Clinique des Champs-Élysées en 2014, 40 % des Français envisagent une intervention de médecine ou de chirurgie esthétique.

Bon, je ne dis pas que Bob doit tout refaire du sol au plafond pour être au top dans sa carrière, mais plutôt qu'il doit prendre conscience de toutes les options qui s'offrent à lui :

- Option 1 : s'assumer tel qu'il est et cesser de s'apitoyer sur sa calvitie naissante, sans aucun doute la meilleure des solutions.
- Option 2 : casser sa tirelire et régler ce sujet qui visiblement le plombe.
- Option 3 : s'assumer tel qu'il est, faire du sport, manger sainement (non, Bob, chips et Coca, ce n'est pas un régime

normal pour un homme de ton âge) et devenir absolument convaincu qu'en fonction de son âge, de sa morphologie… il ne pourrait pas être mieux que ce qu'il est.

S'assumer tel que l'on est et se trouver plutôt pas mal est, à mon sens, le début d'un changement dans sa vie et sa carrière. Avoir un regard juste à son propos permet de se libérer de ses peurs. Ce qui est vrai avec son miroir l'est tout autant avec son job. S'apitoyer sur son sort est la solution la plus efficace pour ne rien changer, voire pour tout empirer.

Je connais peu de personnes qui sont sincèrement capables de ne pas s'aimer personnellement et de se kiffer professionnellement. Je ne crois pas un seul instant à une forme de schizophrénie vie perso/vie pro, mais il est plus important de commencer par son miroir que par son job, ne serait-ce que pour une simple raison : notre job n'occupe pas toute notre vie alors que ce que nous sommes, c'est 24 h/24 et 7 j/7 !

EN APARTÉ…

Je ne sais pas vous, mais quand on se réveille en ayant passé une super nuit, notre regard sur nous-mêmes est nettement plus bienveillant. Parfois, j'ai l'impression que mon miroir est jaloux. Si je sors, tard, fais une fête un tantinet arrosée, le lendemain il se venge mesquinement de l'avoir abandonné en me renvoyant une image détestable de mon visage. Alors que si je rentre chez moi tôt et dors tout mon soûl… il est hypersympa avec moi ! Tout est question d'équilibre au final.

Après avoir enquêté sur les comportements des Français durant l'année 2010, l'Insee explique qu'à 1 heure du matin, une personne sur 10 ne dort pas, le plus souvent pour se divertir, et, à 23 h, seule une personne sur deux est couchée, selon cette enquête.

En 50 ans, selon une étude effectuée en France par l'Institut national du sommeil et de la vigilance (INSV), nous avons perdu 1 h 30 de sommeil. La faute à qui ? Aux écrans essentiellement.

Je me rappelle les quelques soirées où, jeune, j'avais le droit de regarder la télévision, le « spectacle » commençait à 20 h 30. Maintenant, il commence souvent autour de 21 h, voire plus tard. La solution radicale : ne plus regarder la télévision. La solution réaliste : privilégier le replay et récupérer une heure de sommeil en regardant votre émission préférée à 20 h. Franchement, même si le suspens du dernier épisode de L'amour est dans le pré *est insoutenable, il devrait être possible d'attendre 24 heures pour le regarder et découvrir si Jean-Paul a emballé Marie-Sophie. Et hooooop... une heure de sommeil gagnée !!! Nous sommes 25 % à nous dire fatigués chaque matin. Ça ne peut pas durer.*

Ne pensez pas que mon discours soit superficiel ! Ce qui est vrai du physique l'est également du cerveau. J'ai choisi de parler du physique car c'est plus évident, mais si vous transposez ce raisonnement au cerveau... cela fonctionne ! Assumer ce que l'on est intellectuellement avec ses forces et ses faiblesses permet de se libérer de la peur de passer pour un abruti... en réunion par exemple.

OK... nous ne sommes pas tous Einstein, mais si nous sommes présents dans une réunion, c'est parce que, a priori, nous avons une fonction et que nous la remplissons bien. Si vous avez une idée, ne vous dites JAMAIS que votre voisin ou votre boss aura eu la même, lancez-vous. Pour paraphraser Pierre Desproges, qui disait : « mieux vaut se taire et passer pour un con que de l'ouvrir et de ne laisser aucun doute à ce sujet », je dirais, qu'au contraire, en entreprise, il vaut mieux l'ouvrir et passer pour quelqu'un d'impliqué que de se taire et de passer pour quelqu'un d'inutile. Elon Musk a poussé cette logique à l'extrême en exigeant de ses collaboratrices et collaborateurs qui assistent à une réunion de quitter toute réunion au bout d'un quart d'heure si leur présence leur semble inutile ! Si vous décidez de rester, vous devez participer, sinon quel intérêt ? En entreprise, nous avons toutes et tous notre place, notre rôle et notre importance !

EN APARTÉ

Je me rappelle quand, dans un grand groupe média, je devais lancer un nouveau service web. Ce dernier s'adressait au grand public et afin de valider un certain nombre de nos hypothèses, j'ai organisé une réunion avec quelques personnes de tous les niveaux hiérarchiques, y compris le personnel qui s'occupait du ménage dans les bureaux. Pour être tout à fait honnête, ces employés étaient surpris, voire gênés d'être là... Ils ne se sentaient pas légitimes. Puis je leur ai expliqué que le service que nous allions lancer ciblait un large public pour le divertir, et qu'ils pourraient devenir de futurs utilisateurs. Très rapidement, ils se sont sentis tout à fait légitimes pour manifester leur opinion et faire des suggestions. Il ne faut jamais présumer de ce que votre hiérarchie attend de vous !

S'autoévaluer n'est jamais une chose simple. Mais pour changer son regard, la chose facile, et essentielle, c'est d'avoir profondément conscience de faire ce qui est bon pour soi-même... Certaines sont bonnes pour la santé, d'autres non. Par exemple ? Je sais bien que manger du foie gras, adorer le vin, le pain et le beurre, ce n'est pas la meilleure chose pour mon cholestérol et ma ligne... mais je m'en fous ! Entre mon bien-être psychologique et quelques kilos en trop... mon choix est fait !

ALORS BOB ?

Franchement ? J'ai toujours une sale tronche quand je me regarde le matin !

OK, Bob, ce n'est pas la question. Tu ne vas pas subitement te changer en dieu grec, tout ça parce que tu l'as décidé !

Ah... tu vois !

Bob... le tout est de changer ton regard sur toi. De considérer que ce que tu es est le meilleur de ce que tu pourrais être.

Hein ?

Bon... admettons que ce que tu vois dans le miroir, c'est ton capital.

OK.

Bon… eh bien comme dans du « vrai » capital, tu as de l'immobilier, ton physique et de l'immobilier, ton intelligence, ta forme physique, etc.

Ouais… OK… et ?

Eh bien c'est comme avec le capital. Si ton appartement ne te plaît plus, soit tu mets un coup de peinture, ou tu changes les meubles… et pourquoi pas les deux d'ailleurs ! En tout cas, tu fais quelque chose, non ?

Et si je veux déménager ?

Bob, ne sois pas idiot non plus. Tu ne peux pas changer de corps, arrête de regarder des films de science-fiction !

Ben… oui, forcément !

Eh bien avec toi, c'est pareil. Au premier signal de petit coup de mou dans l'estime de toi : hop, tu agis. Tu ne laisses pas s'installer une lézarde sinon, au bout d'un moment, c'est le mur qui s'effondre ! Franchement Bob, tu es très bien quand on creuse un petit peu.

Mouais, suis pas trop mal.

Mais tu ressembles trop aux autres !

Normal, pour vivre heureux, vivons cachés.

C'est tellement inexact dans le monde de l'entreprise Bob... tellement inexact.

Ah bon ?

Je vais t'expliquer.

TO DO DÈS DEMAIN

VOUS VOUS TROUVEZ NUL(LE) EN TOUT

- [x] Là, c'est super-simple. Choisissez le plus petit de vos défauts.
- [x] Trouvez sur le web, ou dans votre entourage, le ou la champion(ne) du monde de ce défaut.
- [x] Comparez-vous et... relativisez (cf. le chapitre p. 69).

- Recommencez l'exercice avec le défaut suivant (forcément un petit peu plus important que le précédent), jusqu'à arriver à votre plus gros défaut.

- Vous êtes un guerrier ninja sous amphétamines ? Tous les matins, regardez-vous dans le miroir et répétez 10 fois cette phrase en vous regardant dans les yeux « je suis pas terrible, mais je me kiffe ». À défaut de supprimer vos complexes, vous finirez par aimer vos défauts !

VOUS VOUS KIFFEZ GRAVE, EN TOUT

- Noooon, sérieux ? En tout ? Bon, déjà, si c'est le cas, je me demande bien pourquoi vous lisez ce livre ? Maso peut-être ?

- Plaisanterie mise à part, si vous vous trouvez parfait(e), c'est cool. Maintenant, demandez-vous comment les autres vous voient.

- Demandez-vous comment vous souhaiteriez être si vous aviez une baguette magique.

- Si l'image que vous avez de vous est celle que vous imaginez que les autres ont de vous et l'image de ce que vous souhaiteriez être, selon les bouddhistes, vous êtes heureux(se) ! Et là… je vous envie !

BOB EST CONFORMISTE

« Dans une hiérarchie, tout employé a tendance à s'élever à son niveau d'incompétence corollaire : avec le temps, tout poste sera occupé par un employé incapable d'en assumer la responsabilité. »

Laurence J. Peter

Ceux d'entre vous qui ont lu *Mon boss est nul, mais je le soigne*, savent que, avant, Bob prenait son café dans son bureau. Il était très fier de sa machine à café personnelle. Aujourd'hui, après avoir suivi mes conseils, il va faire ses pauses à la machine à café. Le problème, c'est que quand il arrive, il n'y a pas grand monde pour lui adresser la parole. Il a son petit air renfrogné et, surtout, c'est le boss et il le fait bien sentir. Pour lui, un(e) collègue, un(e) collaborateur/trice restent les mêmes, quel que soit l'endroit où il les rencontre. ERREUR, Bob... grosse erreur !

S'il y a un endroit où il n'y a plus de hiérarchie, c'est bien la machine à café ! Sans tomber dans la camaraderie grivoise, il est fondamental de révéler le « vrai soi » à certains moments.

Nous le savons, nous sommes tous un petit peu schizo quand il s'agit de l'équation vie perso/vie pro. Nous avons des images mentales de ce que doit être un bon professionnel qui ne correspondent pas forcément à celui ou celle que nous sommes. Or, contrairement à notre enfance où nous faisions tout pour ressembler au voisin, en entreprise, c'est la différence qui paye.

Dans un groupe d'êtres humains, généralement, le leader se repère vite – c'est ce qui nous différencie, entre autres, d'un joli troupeau de moutons. Malheureusement, certaines entreprises ont adopté l'esprit grégaire comme mode de fonctionnement. C'est rare, mais cela existe – je vous ferai grâce des noms, histoire de ne me fâcher avec personne. Mais il ne faut pas se tromper : si le clonage est bien souvent une perte de richesse pour l'entreprise, il est produit par les salariés eux-mêmes... Pour vivre heureux, vivons cachés (dans la masse) ! Et en des temps où perdre son emploi peut être anxiogène, cela n'est pas blâmable. Et puis, dans une salle de réunion, il existe un grand nombre de codes qui rendent compliqué de se différencier. Cela est possible, mais cela demande un certainement entraînement. Cela dit, ce qui est parfois vrai dans une salle de réunion l'est nettement moins à la machine à café !

Il faut savoir ce que vous souhaitez dans votre quotidien :

- rester à la même place toute votre vie et être tranquille (ce qui est une option tout à fait respectable)

ou

- progresser dans l'entreprise et/ou dans votre carrière. Et pour ça, il n'y a pas d'autre choix que d'être différent.

Sur le marché du travail et en entreprise, de façon un peu cynique, nous sommes des produits, rien de plus. Entre deux lessives, pourquoi choisir telle ou telle autre ? Sa puissance de lavage qui est sa fonction première ? Non, nous le savons bien, toutes les lessives lavent de façon efficace et l'on s'attarde plus sur le packaging ou l'odeur.

Alors pourquoi, pour un recrutement ou une promotion, choisir tel(le) ou tel(le) candidat(e) ? Ses compétences ? Son expérience ? Certes… mais cela, nous en avons tous. Non, *in fine*, ce qui fera que vous serez choisi(e), c'est votre différence, ce petit plus qui fera que le recruteur se souviendra de vous et dira que, sans vous, l'entreprise ne serait pas la même.

PETITE ANALOGIE…

Imaginez que Dark Vador veuille recruter un nouveau super-soldat. Pensez-vous vraiment qu'il va choisir encore un Stormtrooper (vous savez, les soldats casqués tout blancs) qu'il a par milliers d'exemplaires ou au contraire celui qui a 6 bras, des yeux rouges et une voix qui ferait peur à Lucifer himself ? En ces temps de compétitivité extrême, la différence devient un atout et il faut la travailler. Voici, en utilisant cette image de Star Wars, les éléments différenciants sur lesquels il est possible d'agir.

SON LOOK

Oui… Dark Vador se reconnaît entre mille et c'est pour cela qu'une fois qu'on l'a vu, on ne l'oublie jamais ! OK, il ne s'agit pas d'aller en entretien de recrutement avec un costume noir et un masque, cela pourrait perturber votre interlocuteur, mais trouver des détails qui vous sont propres peut être une piste. A minima, ne pas être habillé comme un sac évite que l'on se souvienne de vous pour de mauvaises raisons ; et ce n'est pas une question d'investissement démesuré avenue Montaigne, juste de goûts ! Non messieurs, une cravate verte sur une chemise à manches courtes jaune, c'est différent, mais pas classe… et PAR PITIÉ, cirez vos chaussures (ceux qui comprennent pourront, devront,

« liker »), stop aux hommes avec des chaussures qui n'ont jamais croisé le chemin d'une brosse à reluire !

Alors c'est quoi une différence de look ? C'est un élément quotidien qui vous distingue des autres, et ça peut être tout simple : un t-shirt gris (Marc Zuckerberg), un pull noir (Steve Jobs), une chemise jaune (Jean-Claude Bourrelier, fondateur de Bricorama), une écharpe rouge (Christophe Barbier, directeur de la rédaction de *L'Express*), mais cela peut être une paire de lunettes pas forcément noire et terne, une chemise sortie du pantalon, une paire de baskets toujours de la même couleur... Bref, tout petit détail qui vous sera propre, vous rendra unique et qui fera que l'on se souviendra de vous. Et, tout en restant dans les codes de votre entreprise, vous pourrez vous distinguer.

SA FAÇON DE PARLER

Nous vivons une époque où les mots perdent leur sens, où le politiquement correct et le grammaticalement incertain deviennent la règle. Pourquoi se souvient-on de Maître Ioda ? D'accord, il est tout petit et vert... mais pas que ! L'écouter vous devrez et le point comprendrez ! Se différencier peut passer par le langage. Essayez, dans une réunion un peu agitée, au milieu d'une phrase extrêmement bien construite, avec des mots choisis, d'y insérer un mot grossier totalement décalé par rapport à votre personnalité et les usages (la grossièreté en entreprise ne peut être un mode courant de communication), vous verrez, l'attention se portera sur vous immédiatement. J'ai testé cette technique un grand nombre de fois, croyez-moi, cela fonctionne lorsque cela vient à propos.

Mais se différencier par le langage ne passe pas forcément par le vocabulaire, c'est aussi un timbre de voix, un débit. Fermez les yeux et imaginez Dark Vador avec la voix de Casimir, tout de suite, ça le fait moins, non ? Une voix a mille nuances, mais, trop souvent en entreprise, elles ne sont pas utilisées et la voix reste monotone. Il est assez étonnant de constater que ce qui nous semble évident dans notre vie personnelle ne l'est plus en entreprise. Au même titre que l'on a pas le même ton de voix avec ses beaux-parents qu'avec son conjoint (ou alors il y a un souci), on ne parle pas avec le même ton pendant une réunion de brainstorm, un conseil d'administration ou à la machine à café ! Les codes ne sont pas les mêmes, bien sûr. Mais le vrai vous, c'est autour d'un café !

L'ATTITUDE

À chaque moment de la journée, en entreprise, c'est le principe, des yeux se posent sur nous. Se tenir droit, marcher dans les couloirs sans traîner les pieds, être en réunion sans tapoter sur son téléphone portable avec frénésie, autant de détails qui au final construisent une image. Si vous êtes au bureau au moment de lire cet article, faites cet exercice : regardez autour de vous et essayez de décrypter le caractère des gens par rapport à leur attitude, c'est fascinant. Autour de vous, vous allez sans aucun doute pouvoir identifier « le/la démotivé(e) », vautré(e) en arrière sur sa chaise, « l'éternel(le) fatigué(e) » qui se bouge avec difficulté jusqu'à la machine à café, « l'ambitieux(se) » qui se dirige avec énergie vers le bureau du boss, « le/la créatif(ve) » qui chantonne dès qu'il/elle en a l'occasion... autant de messages, positifs ou négatifs, que le corps envoie. D'après le professeur Mehrabian (UCLA), 55 % de votre communication provient du langage corporel,

38 % du ton de votre voix et seulement 7 % des mots que vous prononcez !

SON ÉTHIQUE / ÉTIQUETTE

Luke Skywalker est Luke Skywalker parce qu'il ne se laisse jamais tenter par le côté obscur de la force. Se différencier, c'est également cela : avoir des convictions indestructibles qui vont permettre à votre entourage de vous faire confiance ! Qui n'irait pas au combat avec Luke ? Si lui y croit, tout le monde fera de même. La loyauté envers des valeurs fortes est un vrai élément de différenciation dans des équipes. L'entreprise n'a pas besoin de petits soldats, tous identiques et sans esprit critique, mais de vraies personnes qui sauront être loyales en cas de tempête. Se différencier, c'est réussir à mettre en valeur ce point. Comment ? Petit exemple tout simple : ne jamais participer à la propagation d'une rumeur en entreprise, voire tout faire pour la stopper. Il est parfois tentant de faire l'inverse, mais, ça, c'est le côté obscur de la force, celui qui transforme l'entreprise en un lieu malsain !

EN APARTÉ...

David Foenkinos a dit quelque chose que j'adore : « Si vous voulez mesurer la force d'une rumeur, allez vérifier le chiffre d'affaires de la machine à café. » Il faut être celui ou celle qui, à la machine à café, fait cesser les rumeurs ou, tout du moins, fait comprendre à ses collègues que c'est contre-productif. OK, là, je vois bien ce que vous vous dites : « En fait, Chatelain, il veut que je passe pour le gros fayot de service. » La limite est ténue, effectivement. Cela étant dit, il y a une différence entre se délecter d'une rumeur et la répandre, et garder une neutralité toute suisse. Dites-vous que si c'est Monsieur

Schmidt qui est victime d'une rumeur parce qu'il aurait une affaire sentimentale avec mademoiselle Ursula, dans un mois, vous pourriez être l'objet d'une rumeur. Généralement, ce sont les personnes les plus bavardes qui sont le plus souvent victimes de rumeur, tout du moins en entreprise.

☞ SON EMPATHIE

Se différencier, paradoxalement, peut également passer par sa capacité à comprendre et intégrer les problématiques de vos collègues, collaborateurs ou manager. En entreprise, le comportement le plus commun est l'isolement ; pas physique, mais intellectuel. Chacun pense que son problème et sa mission sont autrement plus importants que ceux des voisins. Se comporter comme Maître Ioda, qui écoute avant de parler, qui observe avant d'agir, croyez-moi, c'est rare... et appréciable ! Par ailleurs, c'est assez reposant ! Et quel meilleur endroit que la machine à café pour faire cela ? Sans tomber dans l'extrême qui serait de devenir le/la confident(e) de toute l'entreprise, prêter attention à ce que raconte quelqu'un à la machine à café, de façon sincère, que ce soit ses dernières vacances à la Bourboule ou son problème avec son boss, pourrait vous servir pour qu'il vous écoute lors d'une prochaine réunion.

☞ SA BONNE HUMEUR / SON HUMOUR

Han Solo ne serait pas Han Solo sans son humour. Se différencier en entreprise, c'est aussi être de bonne humeur, tous les jours, quoi qu'il arrive, dire bonjour quand on croise quelqu'un, savoir détendre l'atmosphère quand cela est nécessaire. Je suis réellement effrayé de constater que la moyenne des collaborateurs en entreprise n'est pas souriante !

Je ne m'étendrai pas sur ce point, l'ayant largement fait dans mon article sur les vertus du sourire en entreprise, « le management par le sourire », mais il est essentiel. Plus vous souriez, plus les personnes autour de vous vont sourire. La bonne humeur, c'est comme le bâillement, c'est contagieux… mais moins ennuyeux.

Certaines entreprises ne sont pas très fans, à tort, de l'humour pendant les réunions. Mais à la machine à café, qui est un espace détente, il y a toujours la personne qui détend l'atmosphère, qui dédramatise une situation et fait que cette pause-café qui sert parfois à écouter les jérémiades de son collègue se transforme en un véritable moment de détente. Soyez cette personne, tout le monde vous en sera reconnaissant.

La différence n'est pas l'essentiel, mais elle vous met en valeur et permet à votre interlocuteur de se souvenir de votre expérience, de vos compétences et… de vous ! Il est clairement impossible d'être bon sur tous les items évoqués ci-dessus, mais en travaillant, en fonction de nos personnalités, sur chacun d'entre eux, la différence sera gigantesque par rapport à la moyenne de nos congénères. Car pour finir, c'est bien cela l'important, ne pas penser que l'entreprise nous demande de rentrer, en tout, dans un moule, mais tout simplement d'être nous-mêmes, dans nos différences et nos spécificités ! Et je me permets d'insister sur cette satanée pause-café. Mais comme je le disais, ce moment est un moment sans enjeux stratégiques pour l'entreprise et devient ainsi un parfait terrain d'entraînement. Changez votre attitude à la machine à café puis, quand vous serez bien à l'aise : du matin au soir !

ALORS BOB ?

Alors, Bob, tu vas travailler tes différences maintenant ?

Je vais essayer mais ça ne va pas être facile.

Pourquoi donc ?

C'est plus simple d'être parfait quand tu ressembles aux autres quand même, ça donne un modèle.

Ah parce que tu veux être parfait, toi ?

Bien sûr, c'est normal, non ?

Non Bob... tu n'as pas besoin d'être parfait.

Vraiment ?

Je t'assure !

TO DO DÈS DEMAIN

VOUS ÊTES 100 % CONFORMISTE

- [x] Vous ne seriez pas un tantinet schizophrène entre votre vie personnelle et votre vie professionnelle, vous ?

- [x] Cherchez LE point que vous cherchez à dissimuler le plus dès que vous franchissez la porte de votre entreprise (vos vêtements, votre façon de parler, etc.)

- [x] Une fois identifié, cherchez le moyen, par petites touches, de l'intégrer dans votre quotidien professionnel.

- [x] Une fois fait, cherchez un second point et faites de même.

- [x] Vous êtes un guerrier ninja sous amphétamines ? Essayez d'identifier ce que serait le salarié clone parfait dans votre entreprise. Faites son portrait-robot grâce à une liste. En face de chaque caractéristique, écrivez ce qu'est son contraire. Ligne après ligne, devenez son contraire.

VOUS ÊTES ANTICONFORMISTE

- [x] Tout extrême peut être dangereux. En entreprise, comme dans la société, il y a des règles de vie commune. Il est important de déterminer ce qui est essentiel de ce qui est accessoire. Porter short et tongs tous les jours, même si c'est votre conviction, sera difficile au premier abord à transformer à votre avantage.

- [x] Déterminez ce qui est vraiment essentiel pour vous dans votre différence et qui semble être compatible avec votre entreprise, et ce qui relève de la rébellion adolescente (vous faire tatouer une tête de mort sur le visage est-il vraiment fondamental ?).

- [x] Trouvez le compromis qui, sans vous renier, fera de vous un atout pour votre entreprise.

recettes express

JE NE SUIS PAS TRÈS BEAU/BELLE MAIS JE ME KIFFE !

Comme le disait ma grand-mère : « La beauté, ça ne se mange pas en salade. » Je n'ai jamais rien compris à cette phrase, mais allez savoir pourquoi, j'ai toujours trouvé ça rassurant. Bon, elle disait également que chaque pot a son couvercle, mais je vous rappelle que nous sommes dans un livre de conseils professionnels, pas dans un manuel sur l'art de séduire.

Serge Gainsbourg, qui n'était pas un premier prix de beauté, disait : « La laideur a ceci de supérieur à la beauté qu'elle ne disparaît pas avec le temps. »

Franchement, vous ne trouvez pas que les gens qui se trouvent beaux en deviennent laids ?

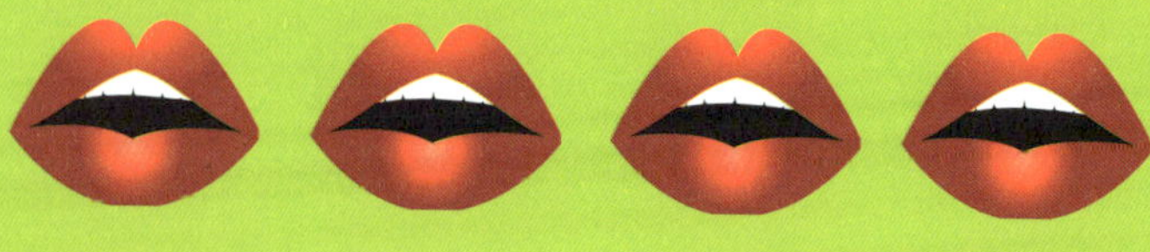

BOB VEUT ÊTRE PARFAIT

« Qui cherche la perfection obtient l'excellence. »

Jori Cazilhac

25 %

des salariés français pensent qu'une évaluation collective de la performance, plutôt qu'individuelle, contribuerait à donner plus de sens à leur action.

(étude Monster / IFOP 2017)

37 %

des salariés considèrent qu'il est important de les valoriser ainsi que leurs projets lors d'évènements internes ou par le biais d'une newsletter interne.

(source : OpinionWay)

59 %

des salariés déplorent le manque de moyens consacrés à l'écoute des collaborateurs en entreprise.

(source : OpinionWay)

L'abbé Pierre disait : « Il ne faut pas attendre d'être parfait pour faire quelque chose de bien. » Cette phrase suffirait presque pour ce chapitre, mais j'ai peur que mon éditrice ne s'en satisfasse pas. Plaisanterie mise à part, Bob veut être le collaborateur parfait.

Vaste projet que celui-ci. Pour lui, être parfait c'est avant toute chose avoir des résultats, être performant, montrer son implication en restant tard. Bob a une définition de la perfection uniquement axée sur la performance finale. Pour Bob, la fin justifie les moyens, en tout. Et c'est uniquement sur cette « fin », l'atteinte ou non de ses objectifs, qu'il pense être jugé.

Pour faire court, il a tout faux.

Je ne dis pas qu'un collaborateur ou une collaboratrice qui n'atteint jamais ses résultats peut être parfait(e)... quoi que. Il existe des situations dans lesquelles, quelle que soit la personne tenant le poste, les objectifs ne peuvent être atteints. Ce qui revient à placer la personne délibérément en situation d'échec.

En France, seulement 20 % des cadres ayant des objectifs les dépassent. Il me semble légitime alors de se demander si le problème n'est pas la méthode pour fixer les objectifs, car je doute que 80 % de cadres soient incompétents ! Pour moi, un bon collaborateur ou une bonne collaboratrice est avant tout quelqu'un qui vient travailler avec plaisir. La performance ne peut arriver sans le bien-être : comme l'ont montré des études du MIT et de Harvard, les salariés heureux sont deux fois moins malades, six fois moins absents, neuf fois plus loyaux, 31 % plus productifs et 55 % plus créatifs.

Avant de prendre en considération les résultats de quelqu'un, les éléments les plus importants à évaluer sont ses qualités. Les résultats sont éphémères, ils peuvent être bons le jour A et catastrophiques le jour B, alors que les qualités, elles, sont permanentes. L'enjeu est alors de les identifier. La liste qui suit n'est pas exhaustive, mais c'est un bon début... Je ne suis pas non plus certain que l'ordre dans lequel je les classe reflète leur importance, mais en tout cas, c'est bien celui dans lequel elles me viennent à l'esprit.

LA LOYAUTÉ

Au même titre qu'un manager doit tout faire pour défendre et valoriser son équipe, un collaborateur doit toujours, en toutes circonstances, être aux côtés de son manager. La relation manager/managé ne fonctionne parfaitement que si l'un comme l'autre se savent soutenus. Cela ne veut pas dire « être toujours d'accord » avec son manager, bien au contraire. Cela veut dire qu'en cas de désaccord, le collaborateur doit aller voir son manager pour l'exprimer plutôt que de s'épancher à la machine à café.

EN APARTÉ

Difficile de mesurer la loyauté d'un membre de son équipe. Lorsque j'étais manager, je profitais des moments de crise pour mesurer celle-ci. C'est dans ces moments que l'on voit qui vous suivrait jusqu'en enfer (oui… j'ai bien conscience que cette envolée lyrique est un tantinet « too much », mais je n'ai pas pu résister). En entreprise, c'est exactement comme en amitié : c'est quand on est dans une mauvaise passe que l'on voit qui sont ses véritables ami(e)s.

LA COMPÉTENCE

Pour qu'un manager puisse déléguer… il doit pouvoir faire confiance. La confiance peut mettre longtemps à s'acquérir et se perdre en une seconde, tout comme dans nos vies personnelles. Dans le cadre professionnel, rien n'est possible sans que la compétence ne soit avérée. Contrairement à ce que font trop de managers qui pensent que leur propre compétence technique est un élément essentiel pour tenir leur poste, celle-ci doit exclusivement être détenue par ses équipes, lui permettant de se consacrer à ce pour quoi il/elle est payé(e) : motiver, guider son équipe.

Cependant, prouver sa propre compétence lorsque l'on est face à ce que j'appelle un « manager technicien » qui pense que quoi qu'il arrive, il aurait mieux fait que vous… ce n'est pas toujours simple. D'où l'importance du point suivant, qui petit à petit vous aidera à gagner en autonomie.

LA FIABILITÉ

Rien de pire qu'un collaborateur qui vous dit pouvoir faire une tâche pour une date précise et finalement vous rend son « œuvre » avec 3 jours de retard. La fiabilité, c'est savoir pouvoir compter sur son collaborateur, s'appuyer sur lui sans prendre aucun risque vis-à-vis de sa propre hiérarchie. Être fiable, c'est de ne jamais promettre plus que l'on ne peut faire et toujours faire ce que l'on a promis. Facile ? Peut-être, mais en vingt années de carrière en tant que manager, pas si commun que cela. Car la fiabilité, pour l'acquérir en tant que qualité reconnue, doit être sans faille, jamais… Aaaaaah, moins simple déjà, non ?

LE RESPECT

Manager une équipe n'est pas toujours simple. Elle est constituée d'un plus ou moins grand nombre de collaborateurs, et ce sont celles et ceux qui vont faire preuve du plus de respect vis-à-vis des autres membres de ladite équipe qui en seront le ciment et l'énergie. Il n'y a rien de pire qu'un collaborateur qui pense pouvoir tirer un profit personnel en dénigrant les performances ou les compétences d'un collègue. Être une équipe, c'est ne pas se tirer dans les pattes. C'est exactement comme dans une famille, c'est tellement plus agréable quand les gosses ne se chamaillent pas du soir au matin !

☞ LA BONNE HUMEUR

Si le manager est bon, il ne devrait pas mettre de mauvaise humeur qui que ce soit dans son équipe. Ainsi, un collaborateur de mauvaise humeur en permanence (j'en ai croisé) cela s'appelle... un problème (j'ai d'autres noms d'oiseaux à l'esprit, mais je vais rester poli). Certes, il est possible qu'un évènement personnel fasse que, certains matins, il est plus difficile d'être avenant... Mais si c'est absolument tous les jours, c'est ingérable.

☞ LA CRÉATIVITÉ / L'IMPLICATION

Rien de mieux qu'un collaborateur qui vient vous voir en disant : « Dis donc... j'ai pensé à un truc qui pourrait cartonner... t'en penses quoi ? » Cela suppose encore une fois que le manager soit capable afin de stimuler cette créativité et de l'accueillir avec bienveillance, mais je vous assure que même dans ce cas, certains se contentent d'exécuter la tâche pour laquelle ils sont payés... Bien souvent, ce sont des personnes qui ont besoin de changer de travail pour s'aérer les neurones. Alors certes, parfois, l'idée proposée est saugrenue. Et alors ? Aucun manager n'attend de ses collaborateurs d'être des génies du soir au matin, chaque jour de la semaine. Les idées, c'est exactement comme les muscles : plus on s'entraîne, plus on est performant. Il ne faut jamais avoir peur de soumettre une idée. En tant que manager, il est primordial de la prendre en considération, et si jamais elle n'est pas retenue, d'en expliquer les raisons... C'est le principe de l'entraînement.

LA TRANSPARENCE

Un bon collaborateur est un collaborateur qui n'a aucun problème à venir voir son manager pour lui dire qu'il a fait une erreur. Un bon manager a besoin de ce genre de comportement pour construire sa confiance qu'il saura fondée sur quelque chose de factuel. Le collaborateur qui ne fait jamais d'erreur n'existe pas. Dans les métiers que j'ai exercés, essentiellement dans les médias, une erreur n'a jamais tué quelqu'un et elle se répare généralement mieux à plusieurs que seul. Bien entendu, un manager doit lui-même appliquer quotidiennement la transparence qu'il attend de ses collaborateurs et collaboratrices. La transparence est un non-sens si elle ne fonctionne pas à... double sens.

L'ÉTHIQUE

Mentir, tromper, cacher, trahir... Autant de mots qui sont détestables en entreprise (comme dans la vie me direz-vous, mais bon, nous ne sommes pas toujours des saints). Avoir des collaborateurs qui, sans aucun doute possible, utiliseront l'ensemble de leur énergie au service de l'équipe et de l'entreprise est essentiel pour consacrer, en tant que manager, consacrer sa propre énergie à autre chose que de gérer des conflits internes.

L'OPTIMISME

L'entreprise est une entité en mouvement perpétuel, qui, si elle veut survivre, doit en permanence générer de nouveaux projets. Avoir des collaborateurs qui regarderont ces projets en envisageant toujours la possibilité qu'ils fonctionnent plutôt que l'inverse, c'est ce qui au final génère une énergie collective positive et créative.

LA RÉSILIENCE

Se planter n'a rien de grave. Ce qui est dramatique, c'est de ne pas savoir se relever. Le manager est là pour aider son collaborateur à repartir du bon pied s'il vient de connaître un échec. Mais force est de constater que certains ne veulent pas se relever ou bien mettent plus de temps que d'autres à le faire. Savoir tourner la page, se tourner vers l'avenir plutôt que de regarder vers le passé... Voilà une qualité appréciable.

EN APARTÉ...

Le collaborateur parfait n'existe pas. Cependant, il m'est arrivé très souvent d'encadrer des personnes très proches de ce profil idéal, et c'est alors... un vrai bonheur. Je crois profondément que le talent d'un manager est de savoir s'entourer des bonnes personnes et de faire évoluer chacun vers cet idéal. Il y a des tempéraments qui évoluent plus difficilement que d'autres, mais j'ai la conviction profonde qu'il n'existe pas de mauvais collaborateurs, uniquement de mauvais recruteurs. Je sais, c'est un brin provocateur, mais le premier rôle d'un manager n'est-il pas de garantir à son entreprise que son équipe est au mieux de sa performance ? Bref... c'est un peu le concept de l'œuf et de la poule. Certains penseront que c'est

l'équipe qui fait le bon manager… d'autres l'inverse. Une chose me semble certaine : tout cela ne doit rien au hasard.

ALORS BOB ?

Allez, Bob, on se lance !

Quoi ?

Eh bien, il va falloir que tu t'évalues sur tous ces points.

Pffff… pas trop mon truc l'introspection.

Ce n'est pas mon problème ça, mon cher Bob. Si tu veux être parfait, il va falloir travailler un peu.

Parce que tu trouves que je travaille pas assez ?

Je parle du travail sur toi Bob… sur toi-même !

Des heures sup quoi.

Bob, tu m'épuises parfois ! C'est important de travailler sur soi pour progresser.

OK… OK. Je vais essayer, mais ça me fait peur…

Peur ?

Ben oui… qu'est-ce qui va se passer si je n'y arrive pas ?

La chose qui est certaine, c'est que si tu n'essayes pas, tu es certain de ne pas y arriver.

Logique.

Il faut oublier tes peurs, Bob, si tu veux avancer.

TO DO DÈS DEMAIN

VOUS VOULEZ ÊTRE PARFAIT(E) EN TOUT

- [x] Faites la liste de vos défauts (si vous n'êtes pas parfait(e), j'imagine que vous devez en avoir). Prenez chaque défaut et demandez-vous en quoi il est utile pour l'entreprise. Par exemple, quelqu'un de têtu mènera généralement à bien ses missions quels que soient les obstacles, quelqu'un de timide sera généralement plus à l'écoute des gens, etc.

- [x] Faites de ce défaut une qualité consciente et, pour les défauts pour lesquels vous ne trouvez vraiment aucun avantage, prenez son opposé. Par exemple, si vous êtes trop stressé(e), il s'agira, une fois par jour pour commencer, d'être zen. Petit à petit, ce défaut disparaîtra.

- [x] Vous êtes un guerrier ninja sous amphétamines ? Faites la liste de toutes les qualités que vous voulez avoir et, à la fin de chaque journée, donnez-vous une note objective sur 10 : 0, vous avez été mauvais(e) sur cette qualité, 10, vous avez été au top. Continuez tant que vous n'atteignez pas une moyenne générale de 9,99 (oui... nul n'est parfait, non ?).

VOUS N'EN AVEZ RIEN À FAIRE D'ÊTRE PARFAIT(E)

- ☑ Bon… c'est bien, mais je dois malgré tout vous alerter qu'un juste équilibre est souhaitable. La nonchalance en tout peut être mal interprétée, surtout en entreprise.

- ☑ Sans être parfait, il est toujours bon de savoir en quoi vous êtes spécifique. Faites la liste de VOS qualités, sans concession et, surtout, posez-vous la question suivante : en quoi ces qualités me sont utiles, pour mon métier, pour mon bien-être et pour ma carrière.

BOB A PEUR

« **Quand on cède à la peur du mal, on ressent déjà le mal de la peur.** » Beaumarchais

38 %

des Français ont peur de perdre leur emploi.

(OpinionWay 2016)

54 %

des Français envisagent un nouveau projet professionnel.

(OpinionWay)

2 Français sur 3

ont peur en allant au travail (Meteojob)

peur de la pression hiérarchique	peur d'arriver en retard	peur de la charge de travail	peur de faire une erreur
27,7 %	25,3 %	21,4 %	18,6 %

19,9 % **ont même peur d'un échange avec leur hiérarchie.**

Bob est souvent insatisfait. Quand il est pris d'une bouffée d'optimisme, il se répète sempiternellement : « Objectivement, j'ai tout pour être heureux. » C'est vrai après tout ! Il vit dans un chouette pays, il a un travail correctement payé, un bel appartement, des vacances à la neige et au soleil... Se plaindre pourrait sembler, après tout, malvenu.

Mais pour Bob, le plus souvent, le problème n'est pas ce qu'il a, mais plutôt ce qu'il n'a pas et qu'il imagine mériter, à tort ou à raison : meilleur salaire, bureau plus grand, moins de trajet quotidien, plus de reconnaissance dans son travail, etc.

Comme le dit le Dalaï-Lama : « La sensation d'être heureux ou malheureux dépend rarement de notre état dans l'absolu, mais de notre perception de la situation, de notre capacité à nous satisfaire de ce que nous avons. » Je suis d'accord… Mais je pense qu'avant de se satisfaire de ce qu'il a, Bob doit être convaincu que sa situation actuelle correspond en tout point à ce qu'il souhaite ! Si ce n'est pas le cas, il faut agir au lieu de se plaindre. Nul besoin d'être un grand théoricien pour comprendre que sans agir, une situation n'évolue pas ! Cela semble simple, hein ?

Pour faire court, voilà ce que devrait faire Bob :

- Se demander ce qu'il aime dans son quotidien.
- Se demander ce qu'il n'aime pas.
- Imaginer les actions à mettre en place pour augmenter le « 1 » au maximum et réduire le « 2 » à sa portion congrue.

Vraiment facile… de la pure introspection et une tentative de regard objectif sur sa situation. Je sais que vous vous dites que, sur le papier, pas de soucis… Mais en vrai, ça l'est moins. Et vous avez raison. Selon une étude réalisée par Monster, 87 % des salariés français souffriraient d'insomnies à cause de leur travail, et plus de la moitié (53 %) au point de faire des cauchemars… Le travail génère des peurs, c'est le moins que l'on puisse dire !

Bob n'a généralement pas un regard très positif sur sa carrière et sur ses capacités à évoluer. À chaque fois qu'il a essayé quelque chose, le résultat n'a pas été à la hauteur de ses espérances. La dernière fois qu'il a demandé une augmentation, il espérait obtenir 15 % grâce à ses bons résultats et il n'en a eu que 4 %. Histoire de le rassurer, si parmi mes lectrices et mes lecteurs il y a quelqu'un qui n'a jamais connu de désillusion, d'échec, de peine ou de revers, qu'il ou elle m'écrive immédiatement un e-mail, que je fasse sa biographie tout de suite.

Terriblement banal à rappeler, mais la vie est faite de hauts et de bas, et vous remarquerez que, dans le cadre professionnel, on se souvient plus facilement des bas que des hauts, probablement parce que les hauts s'inscrivent dans une forme de normalité (ex. : je bosse bien => j'ai une promotion) alors que les bas nous touchent alors que nous n'avons aucune prise sur ces évènements (ex. : mon entreprise a de mauvais résultats => je suis viré(e)).

Pour Bob, ce sont ces bas qui le guident sans qu'il en soit pour autant conscient. Par peur d'en connaître d'autres, il se bride. Je ne blâme pas Bob, car mis à part quelques sadomasochistes dangereux, si nous avions un moyen d'éviter les échecs, nous l'utiliserions. C'est vrai quoi, tout pouvoir tenter sans jamais se planter, ce serait sympa, non ?

EN APARTÉ

Je dis souvent à mon plus jeune fils que, dans la vie, tout est possible, il suffit d'essayer. Lui, plein de bon sens, m'a un jour répondu : « C'est pas vrai, papa, ce que tu dis. Moi, j'aimerais savoir voler, mais je suis certain que même si je le veux fort, si je saute par la fenêtre, il est possible que tu ne sois pas content… » Pas faux ! Dans ce genre de situation, la peur, autrement appelée la raison, est bonne conseillère. Mais admettez que c'est assez rare.

La recette miracle n'existe pas. Dans toute nouvelle aventure, la probabilité de rater est non nulle au même titre que celle de réussir… Et pourtant, Bob se laisse le plus souvent influencer par le verre à moitié vide. Bob a peur de passer pour un idiot auprès de son boss avec sa nouvelle idée… Conséquence ? Il ne partage pas cette idée.

Êtes-vous déjà monté au plongeoir de dix mètres dans une piscine ? Pour celles et ceux qui ne l'ont pas fait, ce n'est pas la montée des marches qui est compliquée, ni l'entrée dans l'eau… ni la chute. Non, ce qui est compliqué, c'est de passer au-delà de ce petit instant qui dure une fraction de seconde durant laquelle vous décidez de vous lancer. Avant, le temps de la réflexion, c'est simple, il suffit de monter, étage après étage. Après, vous êtes lancé, plus de retour en arrière possible à moins de s'appeler Superman ! Le tout est de se lancer. Il en va de même en entreprise.

Bob a peur de demander une augmentation, de passer ce petit instant de gêne où, potentiellement il va devoir affronter un « non » de la part de sa hiérarchie ? Résultat : il n'en a pas.

Comme le disait ma grand-mère (je remarque à l'instant que dans le même chapitre, je cite ma grand-mère et le Dalaï-Lama… joli panel), la peur n'a jamais évité le danger. Il n'existe que trois réactions face à la peur : l'immobilisme qui fait que Bob reste au bord du plongeoir, voire en bas de l'escalier, l'agressivité qui fera que Bob hurlera sur les personnes dans l'eau, trop proches à son goût de sa supposée zone de plongeon, lui donnant une bonne raison pour ne pas se lancer, ou la fuite qui fait que Bob tournera les talons en espérant que personne ne remarque sa lâcheté.

Nous avons tous envie de réussir dans ce que nous entreprenons, c'est humain. Au-delà d'une définition de la « réussite », qui est quelque chose de très personnel, il existe un point commun à toutes les réussites, petites ou grandes : elles ne se produisent pas sans rien faire ! Il faut agir et dépasser ses peurs. Des réussites majeures se sont fondées sur des échecs cumulés. Je ne parlerai que de Marc Simoncini, créateur de Meetic, qui s'est relevé de plusieurs échecs, ayant même connu l'interdiction bancaire. Il aurait très bien pu être paralysé par la peur de connaître à nouveau un revers... Et pourtant, il a souhaité se relancer encore, jusqu'à ce qu'il réussisse. Les peurs nous paralysent, nous empêchent de nous mettre dans l'action, c'est pour cela qu'il faut s'en débarrasser.

Facile à dire ? C'est vrai. Mais pour vous simplifier la tâche, je vous propose de classer (j'en ai dénombré cinq principales) les différentes peurs que nous pouvons connaître. Comme le dit notre cher Sun Tzu (auteur de *L'art de la guerre*, méga best-seller venu de Chine et du 6e siècle qui a inspiré des générations de généraux et de managers), un ennemi est plus facile à vaincre si on le connaît parfaitement bien. En effet, si vous le connaissez, vous en connaissez les forces... et les faiblesses. Il faut considérer nos peurs comme ayant des points faibles qu'il faut identifier afin de pouvoir les détruire.

LA PEUR DE L'ÉCHEC

Probablement la plus commune dans nos vies professionnelles, la peur de l'échec est ce qui va nous paralyser pour certains choix. Et pourtant, l'échec fait partie de la vie, dès le plus jeune âge : combien de fois un bébé doit-il tomber avant de pouvoir faire ne serait-ce que quelques pas debout ? 2000 fois !

Vous imaginez ce qui se passe dans la tête d'un bébé ? L'acharnement qu'il faut ? Et cependant, cela ne viendrait jamais à l'idée qu'un bébé à un moment se dise : « Bon, là, ça fait 1 980 fois que je tombe pour essayer d'avancer, j'en ai marre, je marcherai jamais, vive le 4 pattes ad vitam ! » Bien sûr, aucun bébé ne se dirait cela, au même titre qu'aucun parent ne dirait à son enfant après 1 999 chutes qu'il est vraiment trop nul et qu'il devrait essayer autre chose ! Nous avons tous, a priori, quelque part, en nous, cette énergie de faire face à l'échec, car nous savons, au plus profond de nous, que la réussite est une option. Le tout est de retrouver cette énergie pour relativiser notre peur de nous planter.

EN APARTÉ...

En France, l'échec n'est pas une option, il est socialement rejeté, contrairement à ce qui se passe dans les pays anglo-saxons, et surtout aux États-Unis. Il n'existe absolument aucun succès qui ne se soit construit sur quantité d'échecs. Je vous ai déjà parlé de Marc Simoncini, mais il y a tant d'autres exemples : Oprah Winfrey, star gigantesque de la télévision américaine, a été jugée « inapte à la télévision » puis a été licenciée à ses débuts. Elle croyait en elle et est devenue ce qu'elle est. Albert Einstein, soupçonné d'être déficient mentalement, renvoyé d'une école et refusé par une autre, a persisté et est devenu l'homme qui a changé la physique et qui a gagné un prix Nobel, rien que ça. Bill Gates, l'homme le plus riche du monde, a abandonné Harvard, fait faillite avec sa première entreprise... et pourtant ! Je pourrais multiplier les exemples à l'infini, ou presque.

Apprendre à gérer sa peur de l'échec, ce n'est pas uniquement pour faire de grandes choses ou devenir multimillionnaire, c'est ce qui va nous éviter de nous créer une boule au ventre toute la nuit avant une présentation importante ou un entretien pour le boulot de nos rêves, par exemple. Selon l'Observatoire des Transitions Professionnelles, 26 % des salariés changent de travail chaque année alors que, selon une étude réalisée par le Groupe AEF en 2017, 64 % des Français souhaitent changer de travail. Certes, la rigidité du marché du travail y est pour quelque chose, mais la peur du changement (dont nous parlerons plus loin) et celle de l'échec y sont probablement pour quelque chose également.

Une solution pour oublier cette peur ? Pensez aux conséquences factuelles qu'un éventuel échec aurait et relativisez (ce dont nous parlerons plus loin), vous n'en serez que meilleur(e).

INSPIRANT...

Certaines entreprises détruisent définitivement la peur de l'échec en accordant à leurs salariés un droit à l'erreur comme source de créativité. Cela va parfois loin. Je suis fan de ces entreprises qui créent des « journées de la lose (prononcer louse) ». Le principe ? Une fois par mois, tous les services se réunissent et présentent leur pire échec du trimestre passé. Les avantages ? L'échec présenté par le service A pourra être évité par le service B ; le service C pourrait rebondir sur l'échec du service B pour le transformer en succès.

La peur de l'échec individuel est catastrophique quand il intègre la culture d'entreprise pour se transformer en « surtout n'innovons pas de peur de rater ».

LA PEUR DE PASSER POUR UN(E) IDIOT(E)

Qui, durant une réunion, n'a jamais hésité à intervenir alors qu'il était convaincu que ce qu'il avait à dire était pertinent, de peur de passer pour un(e) idiot(e) ? Alors, c'est vrai, il m'est parfois arrivé d'intervenir dans des réunions et de passer pour un abruti... Erreur de jeunesse liée à mon enthousiasme. Cependant, aujourd'hui, l'âge et l'expérience aidant, si j'ai une conviction, je la partage, quel que soit mon interlocuteur. Je préfère le collaborateur qui tente sa chance, quitte à dire une bêtise, plutôt que celui qui reste silencieux en attendant que ça passe. Albert Einstein disait qu'il vaut mieux poser une question et passer pour un idiot une seconde que de ne pas la poser et de rester idiot toute sa vie.

Il n'est personne qui puisse m'impressionner assez pour que je m'autocensure de peur d'être à côté de la plaque. Que l'on se comprenne bien, il ne s'agit nullement d'arrogance, juste d'être conscient que n'importe qui peut avoir une bonne idée ou une réflexion qui fera avancer le groupe, quel que soit son niveau hiérarchique. Ce sont les organisations qui libèrent la parole et la pensée qui sont les plus créatives et dynamiques. Penser que le temps de parole est uniquement lié à son niveau hiérarchique est une erreur, pour soi et pour l'entreprise.

En résumé, que le salarié qui n'a jamais dit quelque chose de stupide jette la première pierre sur celui qui vient d'en dire une !

EN APARTÉ...

Ce qui est vrai en entreprise l'est également dans la vie de tous les jours, car la pression sociale nous impose certains comportements. Si votre rêve est de suivre des cours de macramé ou de jongler dans la

rue, assumez-le envers et contre tout, et en particulier les potentielles moqueries de votre entourage ! J'ai une amie passionnée par les bougies alors qu'elle travaille dans une très, très grande entreprise à un poste avec beaucoup de responsabilités. Pas simple a priori de dire à sa boss, chaque jeudi à 18 h : « Bon, je dois y aller, j'ai cours de bougies ». Une fois passée cette peur de passer pour une idiote, ce qui au passage n'a pas été le cas, je peux vous assurer qu'elle se sent beaucoup mieux ! Et sa boss profite de ses nouveaux talents de façon récurrente… tout le monde y gagne.

LA PEUR DE SE FAIRE VIRER

La crise n'aide pas, je vous l'accorde, mais trop d'entreprises ne « bougent » plus car leurs équipes, de peur de faire une erreur qui pourrait les mettre en danger, ne font plus preuve d'initiative. Faut-il nier la possibilité de se faire virer à cause d'une idée qui tourne mal ? Non, certes !

Cependant, cela vaut-il vraiment le coup de travailler pour une entreprise qui préfère l'immobilisme au mouvement ? D'ailleurs, quelques entreprises utilisent cette peur de façon plus ou moins explicite pour obtenir plus de leurs collaborateurs. Et là, je ne parle pas de négociations dans le cadre de problèmes économiques, je parle plutôt de ces entreprises qui font comprendre que l'on a bien de la chance d'avoir un boulot, que dehors il fait froid et qu'il y a des dizaines de personnes qui pourraient faire ce travail.

C'EST UN FAIT !

Tous les indicateurs montrent que ces méthodes auront de moins en moins d'impact sur ce que l'on appelle les générations Y et Z, détachées et réalistes sur ce qu'est le monde de l'entreprise. À tel point qu'un phénomène mondial de « retour chez les parents » est constaté depuis la crise de 2008. 35 % des hommes européens de 25 à 34 ans et 21 % des Européennes du même âge vivent chez leurs parents afin de réduire la pression économique que fait subir l'entreprise.

La solution pour les « vieux » comme moi ? Rajeunir et se dire que si on se fait virer pour avoir pris une initiative ou pour une demande : peu importe !

Ce n'est qu'un travail après tout et, surtout, nous avons tous tendance à oublier ce qui est loin d'être un détail : certes, l'entreprise nous apporte un salaire, une place dans la société, un boulot, mais il s'agit d'un échange ! Nous apportons également à l'entreprise notre créativité, notre énergie et, en cela, l'échange doit être équilibré ! Nul n'est irremplaçable, c'est une évidence, mais nécessairement, mon remplaçant sera différent, meilleur ou plus mauvais.

L'entreprise le sait, recruter est complexe. Et elle a autant besoin de vous que vous d'elle. Pour avoir recruté un grand nombre de collaborateurs dans ma carrière, trouver la perle rare n'est pas une chose facile, quel que soit son niveau hiérarchique.

LA PEUR DU CHANGEMENT / DE L'INCONNU

Personnellement, si l'on me met en haut d'une falaise, que l'on me bande les yeux et que l'on me dit : « Vas-y, saute, tu verras, tout va bien se passer », clairement, je n'y vais pas à moins qu'une bonne âme ne me pousse !

L'inconnu, c'est aussi la peur d'y laisser sa peau, ce qui n'est pas forcément une image.

L'inconnu, c'est quoi ? Changer de poste, changer d'entreprise ou pire, changer de métier. Tous ces changements représentent d'une certaine manière de véritables falaises.

Comment une telle peur peut-elle être surmontée ? Tout est question d'équilibre, en fait. À mon sens, le seul moyen de lutter contre la peur de l'inconnu est de la mettre en balance avec les insatisfactions de la situation actuelle. Je compare souvent la relation d'un salarié avec son entreprise à la relation de couple.

Quitter quelqu'un, ce n'est pas facile. À la peur de blesser la personne s'ajoute la peur de l'inconnu, de la solitude... et de la suite ! Mais le quotidien insatisfaisant a fait que nous avons trouvé la force de partir.

Ainsi, dès que la peur de l'inconnu pointe son nez, il faut revenir à de bonnes vieilles méthodes : deux colonnes, une avec les points positifs, une avec les négatifs... et comptez les points à la fin. Pour tuer la peur de l'inconnu, il faut la rationaliser !

EN APARTÉ...

Dans d'autres cas, le moyen le plus simple est de l'affronter, cette satanée peur. Il y a deux ans, je me suis dit que j'étais stupide d'avoir la trouille de faire du parapente. Beaucoup de personnes autour de moi me disaient à quel point c'était génial, inoubliable, etc. Bref, je ne pouvais opposer à ces arguments que le fait que... j'avais peur. Un peu limité comme argument. Bref, j'ai essayé, j'ai détesté, et je peux désormais dire à mes amis que ce n'est pas la peur qui me fait dire que le parapente, c'est pas terrible... c'est vraiment mon avis !

LA PEUR D'ÊTRE DIFFÉRENT(E)

Depuis notre plus jeune âge, se fondre dans la masse est un objectif quotidien. Ceux qui sont roux, ont eu des lunettes très jeunes ou vivent avec une différence, quelle qu'elle soit, le savent bien : dans les cours d'école, ça passe mal. Mais, bien souvent, ces personnes en retirent une force que ceux qui ont été « épargnés » n'ont pas. Passer son enfance à être « pas comme les autres » et comprendre que, au final, il faut faire avec et en faire une force forge la personnalité.

En entreprise, le conformisme à tous crins ne paye pas. L'entreprise n'est pas un enclos à moutons ni une cour d'école, en tout cas pas en permanence, et si la peur d'être différent vous paralyse, détendez-vous : c'est votre différence qui fera que vous vous rendrez indispensable, et en aucun cas ce que vous avez en commun avec vos camarades de jeu.

Si vous êtes interchangeable, à quoi bon ? Ce qui est intéressant, c'est que dans le milieu du travail, il suffit d'être soi-même pour être différent. Il est largement ancré dans l'inconscient collectif que chaque entreprise impose un moule dans lequel chacun devrait entrer. Or, c'est bien connu, à force d'entrer dans un moule, il est probable de passer pour une tarte. Les cultures d'entreprises n'impliquent pas un conformisme global, mais un cadre de valeurs dans lequel chacun se reconnaît. Les valeurs ne supposent pas que nous soyons tous habillés de la même façon, parlions de façon identique ou abordions tous les problèmes de la même manière. La créativité passe par la différence.

C'est bien parce que Steve Jobs a pensé différemment que la micro-informatique moderne est née, à tel point qu'il en a fait le slogan de la marque à la pomme : « Think Different » (pensez différemment). C'est bien parce que Lizzie Velásquez était physiquement très différente – elle est atteinte d'un syndrome totalement inconnu du corps médical et qui touche « seulement » 2 personnes dans le monde – qu'elle est devenue conférencière, auteure et maintenant gourou du web. Émerger, se faire remarquer en étant différent est beaucoup plus simple qu'en étant un clone sans aucune différence avec son voisin. Si votre boss attendait de vous que vous soyez identique à lui-même en tous points, pensez-vous qu'il aurait besoin de vous pour faire ce qu'il ferait aussi bien ?

Bien sûr, il est plus compliqué de marquer sa différence dans certains métiers que dans d'autres. Mais je vous propose quelque chose de peu répandu qui fait la différence en absolument toutes circonstances : toujours sourire et toujours être positif, même devant les difficultés. Testez et vous verrez.

Se débarrasser de ses peurs n'est pas uniquement un moyen de réussir mieux d'une façon générale, c'est également se satisfaire de ce que l'on a, ce qui est déjà énorme.

Les peurs pourrissent notre quotidien, et quand elles s'accumulent, c'est encore pire. Les surmonter, c'est petit à petit prendre de la distance vis-à-vis de problèmes qui, au final, ne sont pas si graves que cela.

ALORS BOB ?

Ben... facile à dire ton truc, mais à faire, c'est plus compliqué quand même !

Pourquoi ?

Le côté tête brûlée qui n'a peur de rien, faut être équipé pour.

Qui te parle de tête brûlée ? Et je te signale que, comme le dit le dicton, la peur n'a jamais évité le danger. Tu devrais y penser.

OK, mais quand on est conscient du danger, s'il est réel, tu as une solution miracle peut-être ?

Miracle, non, mais en tout cas, j'ai une solution.

Ah bon ?

Oui, ça s'appelle « relativiser ».

T'en as de bonnes toi, c'est pas simple quand même.

Bob, franchement, dans ton boulot, tu sauves souvent des vies ?

Euh... non, je bosse dans une société qui fabrique des sous-vêtements pour homme, le Slip Breton.

Eh bien quel que soit le problème qui se présente à toi, garde toujours en tête qu'aucune vie n'est en jeu, qu'il y a plus grave.

Et ?

Et ça veut dire prendre de la distance, regarder une situation objectivement sans céder à la panique.

Et ça marche ?

Essaye et on en reparlera.

TO DO DÈS DEMAIN

VOUS AVEZ PEUR DE TOUT

- [x] Faites la liste des choses qui vous font le plus peur au travail.

- [x] Choisissez la peur la plus handicapante.

- [x] Trouvez une personne qui a surmonté cette peur et passez du temps avec elle pour comprendre comment elle fait.

- [x] Vous êtes un guerrier ninja sous amphétamines ? À partir de cet instant, vous décidez que côté boulot, plus rien, jamais, ne vous fera peur. Un peu comme les Normands dans Astérix (grosse référence littéraire, je sais), aucune crainte ne limitera vos actes !

VOUS N'AVEZ PEUR DE RIEN

- Là, franchement, c'est vous qui me faites un petit peu peur. Franchement ? Peur de rien ?

- À cela, je ne vois qu'une explication : vous ne voyez pas le danger. Nous n'allons pas nous mentir, au même titre que la peur ne permet pas d'éviter le danger... ne pas avoir peur ne l'évite pas mieux.

- Si vous n'avez peur de rien, il ne s'agit pas de vous transformer en froussard(e), mais d'avoir conscience des dangers que vous affrontez plus facilement que les autres, histoire de nourrir – un peu – votre ego.

RELATIVISE BOB… RELATIVISE !

« Pour aller de l'avant, il faut prendre du recul, car prendre du recul, c'est prendre de l'élan. » MC Solaar

26,4 %

des salariés considèrent que « travail » = santé.

(étude CFDT)

84 %

des salariés déclarent travailler pour, avant tout, subvenir à leurs besoins. (CFDT)

En cas de problème au travail, 22 % des salariés prennent quelques jours de congé pour prendre du recul… et 23 % cherchent à quitter l'entreprise.

(Cegos)

55 % des salariés déclarent subir du stress au travail (64 % pour les managers) et 72 % d'entre eux considèrent que cela a un impact négatif sur leur santé (74 % pour les managers).

(Cegos)

Au final, si l'on y réfléchit bien, ce ne sont pas les peurs qui posent un problème à Bob. Quand on est au bord du plongeoir à dix mètres et que l'on doit sauter, il est naturel d'avoir peur.

Par contre, si nous ne sommes pas capables de surmonter cette peur en analysant que, quoi qu'il arrive, nous ne courons aucun danger, la probabilité que nous fassions demi-tour sans sauter est forte.

Relativiser, c'est exactement cela : évaluer ses peurs en analysant de la façon la plus objective possible les conséquences. Bob, en haut du plongeoir, aujourd'hui… c'est comme s'il sautait sur une dalle en béton armé ! Forcément, ça ne fait pas envie. Du côté de sa carrière, c'est un peu pareil. Quand il s'agit d'envisager de changer de poste, un mur se dresse devant lui… mais un mur qui est dans sa tête.

« AU REVOIR PRÉSIDENT ! »

Soyons honnêtes : si demain nous gagnons 50 millions à l'Euromillions, il est probable que la plupart d'entre nous changeront de vie, tout ou partie. Et en premier lieu, notre vie professionnelle.

EN APARTÉ

Durant mes conférences, je pose souvent la question : « Qui ne changerait rien à sa vie professionnelle en cas de gain majeur au Loto ? »… Au cours de toute l'année dernière, deux personnes ont levé la main sur des centaines de spectateurs et spectatrices. Ça ne fait pas lourd. Par ailleurs, je soupçonne fortement ces deux personnes de l'avoir fait pour fayoter auprès de leur boss, qui devait être dans l'assistance.

La pression économique disparaît totalement, en un claquement de doigts, grâce à ce gain. Vous allez me dire : « Ouais… OK… et alors ? » Eh bien ce que cette mécanique psychologique nous apprend, c'est que nous ne sommes pas plus attachés que cela à notre travail. Il « suffit » que la pression économique disparaisse et hoooop ! bizarrement, nous prenons conscience qu'avoir plus de temps pour nos familles, c'est pas si mal, que pouvoir nous consacrer plus à nos loisirs, c'est intéressant, que se mettre enfin au violon, vieux rêve d'enfance contrarié, ça serait génial... Bref, peu d'entre nous vont se dire : « Tiens, génial, je vais pouvoir dire à mon boss que dès demain, je viens travailler gratuitement, je n'ai plus besoin d'argent. »

Les plus âgés d'entre nous se rappellent probablement cette publicité de la Française des Jeux pour le Loto : « Au revoir président. » Qui n'a pas eu un jour envie de vivre ce moment ? Franchement ?

Bon... j'ai une mauvaise nouvelle pour vous : la probabilité que l'un(e) d'entre vous gagne le gros lot est... pas nulle, mais faible. Et pourtant, le constat reste le même : avoir plus de temps pour nos familles, c'est pas si mal, pouvoir nous consacrer plus à nos loisirs, c'est intéressant, se mettre enfin au violon, ça serait génial...

Mais alors... qu'attendons-nous ?

Passer du conditionnel « j'aimerais » à l'impératif « je vais ». Dire « je vais partir une fois par semaine plus tôt » plutôt que « j'aimerais partir blablabla ». Impossible ? Parfois... oui.

Mais parmi toutes ces petites ou grandes choses que l'on aimerait faire pour améliorer son quotidien, combien n'avons-nous même pas essayé ? même pas évoqué avec notre boss, anticipant sa réponse. Mieux vaut un « non » certain qu'un « non » probable... Le « non » probable peut devenir un « oui » certain.

UN COUP APRÈS L'AUTRE

Ce qui nous retient ? Nos peurs, dont celle du changement, notre éducation, nos habitudes.

Je vous conseille un exercice tout simple : chaque jour, réfléchissez à une petite chose qui vous ferait plaisir. Ça y est ? Demandez-vous ce qui vous empêche de la faire… Faites une liste si nécessaire. Puis, prenez chaque obstacle et demandez-vous comment il pourrait disparaître… Enfin : faites-le disparaître !

Souvent, ce qui nous empêche d'agir, y compris en entreprise, ce sont nos peurs, nos habitudes, nos certitudes fabriquées de toutes pièces du fait de nos expériences et notre incapacité à prendre du recul… à relativiser.

Tout problème, aussi gros soit-il, peut se décomposer en plusieurs, plus petits. Il faut les traiter un à un, du plus simple au plus compliqué, histoire de se donner de l'énergie au lieu de tout vouloir traiter d'un coup ! Si vous jouez au golf (le vrai, pas le mini), vous ne visez pas le trou directement, cela ne sert à rien, dans 99 % des cas, vous ne l'atteindrez pas. Ce que l'on appelle un « trou en un » existe, c'est vrai, mais c'est rarissime. Certains joueurs n'en feront même jamais un de toute leur carrière et pourtant, ils peuvent être de grands joueurs professionnels ! Le golf, c'est un coup après l'autre, chaque coup vous rapprochant de l'objectif final. Je me rappelle très bien, quand je voulais changer de job, j'avais l'impression de m'attaquer à une montagne avec toutes les angoisses liées à une telle ascension. Par contre, une fois que j'ai cessé de me focaliser sur cet objectif lointain qu'était la signature d'un nouveau contrat de travail pour me focaliser sur des questions plus simples, tout allait mieux :

- Pourquoi je veux changer de travail ?
- Quel travail me permettrait de ne plus connaître ce que je veux fuir ?
- Quelles sont les entreprises qui m'intéressent ?

Etc.

Il faut cependant être réaliste, certaines de nos appréhensions sont moins facilement contrôlables. Il faut faire attention à ne pas les transformer en blocage qui pourrait paralyser notre action. La seule solution : se confronter à ses peurs. Prenez exemple sur les gens qui ont une peur panique de prendre l'avion : ils font un stage afin de rationaliser leur peur. Certes, je n'ai jamais entendu d'anciens phobiques de l'avion déclarer qu'ils adorent désormais tellement voler qu'ils se déplacent tous les jours en ULM mais, malgré cela, ils arrivent à monter dans un aéroplane !

Relativiser, c'est réussir à faire ce petit pas de côté qui nous évite d'être paralysés par nos propres angoisses ; c'est évaluer les conséquences réelles de ses actes.

OK, dans mon exemple avec le parapente au chapitre précédent, la conséquence objective pourrait être de décrocher et de m'écraser comme une crêpe quelques centaines de mètres plus bas. Mais sachant que c'était un pro qui pilotait, que la voile était neuve, que les conditions climatiques étaient parfaites et qu'il n'y avait jamais eu d'accident sur ce spot... il n'y avait aucune raison de ne pas se lancer.

ALORS BOB ?

En gros, avoir peur, ça craint.

Non, pas tout à fait, Bob. Avoir peur, c'est normal. Ce qui ne l'est pas, c'est de rester bloqué sur sa peur.

Facile à dire.

Et à faire, Bob. Il suffit de t'écouter toi, de poser des questions aux personnes qui connaissent la situation, de prendre conseil et au final de relativiser tes angoisses.

C'est aussi simple que ça ?

Pour toutes les peurs que tu peux avoir, il faut absolument chercher toutes les informations qui vont te permettre de prendre du recul et de ne pas céder à la panique.

Et ?

Une fois que tu auras tout ce qu'il faut, tu verras, sans t'en apercevoir, tu relativiseras et passeras en mode action au lieu d'être immobile.

Mais si je ne m'en sens pas capable ?

Pourquoi ne le serais-tu pas ?

J'ai l'impression que personne ne me prend au sérieux dans ma boîte.

C'est peut-être vrai tu sais.

Ah ouais, sympa toi. Tu sais t'y prendre pour motiver les troupes.

Ce que je veux dire Bob, c'est qu'être crédible en entreprise, ça se travaille, ça ne va pas te tomber tout cuit dans la bouche !

TO DO DÈS DEMAIN

VOUS NE RELATIVISEZ RIEN

- [x] Vous êtes du genre à faire une montagne de tout, y compris de choses qui, objectivement, ne le méritent pas ? OK… la prochaine fois que vous entrez en « mode panique », prenez une feuille de papier et exprimez le « problème ».

- [x] Faites deux colonnes : 1/conséquences possibles pour vous. 2/solutions envisageables. Écrire permet de prendre le temps de la réflexion. Notre cerveau a la sale habitude de parfois s'emballer ; c'est à vous de le ralentir.

- [x] Vous êtes un guerrier ninja sous amphétamines ? Dès qu'une angoisse pointe le bout de son nez, commencez toute phrase parlant de ce problème par « ce n'est pas grave… ». Ensuite, mettez-vous dans la peau du Dalaï-Lama, imaginez ce qu'il ferait dans votre situation… et faites-le ! (OK, c'est vrai, Dalaï-Lama et ninjas ne font pas vraiment bon ménage, mais vous voyez ce que je veux dire, non ?)

VOUS RELATIVISEZ TOUT

☑ Bon… ça, c'est bien ! Vous êtes sans aucun doute hyperzen du soir au matin. Cependant, attention, ne pas confondre « tout relativiser » et être dans le déni. Relativiser, c'est avoir conscience des problèmes et les traiter sans pour autant perdre le sommeil.

BOB DOIT GAGNER EN CRÉDIBILITÉ

« La crédibilité repose sur deux règles essentielles, ne pas promettre à la légère et ne pas menacer en vain. » Alain Leblay

8 %

des salariés arrivent systématiquement en retard au travail. (Monster)

Un salarié s'énerve en moyenne 2 fois par jour.

(The Telegraph)

5 %

des salariés français se disent très satisfaits de leur environnement de travail et, ce qui est logique, très investis tandis que 18 % se déclarent très insatisfaits et nettement désengagés.

(Ipsos)

Bob ne comprend pas pourquoi, encore une fois, c'est un autre qui a été choisi pour la super promotion qui se présentait ! C'est, selon ses propres termes, « ce crétin de Jack qui a eu la promo alors que ses résultats ne sont pas meilleurs que les miens ». Ce qui est vrai, en tout cas pour la seconde partie de la phrase, je ne me permettrai pas de juger Jack que je ne connais pas personnellement.

Mais Bob ne comprend pas une chose fondamentale : en entreprise, il n'y a pas que les résultats qui comptent. Il ne suffit pas d'être performant d'un point de vue « comptable » pour plaire à sa hiérarchie. Obtenir une promotion, cela signifie souvent que l'on va également changer de boss. Et les défauts de Bob, auxquels son boss actuel avait fini par s'habituer, ne sont pas particulièrement du goût de son potentiel nouveau patron. Un exemple ? Bob ne sait pas être positif et c'est pour cela qu'il n'a pas été choisi par Jeff. Ce dernier craignait que Bob mette une mauvaise ambiance dans son équipe qui fonctionne bien, et en conséquence, il a choisi Jack (je sais, ils ont tous des prénoms étranges dans cette entreprise) qui a des résultats légèrement moins bons que ceux de Bob, mais qui est toujours de bonne humeur.

Pour progresser, c'est une évidence, il faut être désiré par ses potentiels recruteurs et il faut être crédible. Je vous entends d'ici dire : « Bah oui, c'est évident qu'il faut être crédible, quelle révélation. ». N'allez pas trop vite dans votre jugement : cette notion de crédibilité contient une partie de subjectivité. Il y a l'être… et le paraître. Par exemple, « l'être » cela pourrait être le chiffre d'affaires réalisé par Bob, « le paraître » sa façon de mettre en avant ses résultats et surtout ceux de son équipe. Quand un objectif important est atteint, il devrait communiquer positivement sur la nouvelle au lieu de faire comme si tout était normal. Cela motiverait son équipe d'être mise en avant et cela aurait valorisé le travail de l'équipe aux yeux de Jeff !

Dans le milieu professionnel, nous nous posons souvent la question de notre crédibilité, la vraie, celle qui nous apportera la promotion tant souhaitée (attention, je précise ici que la promotion n'est pas forcément la finalité de toutes et tous ! je connais bon nombre de personnes étant très bien dans leur poste et qui ne veulent en aucun cas avoir une promotion… et plus de stress. Là, il n'est question que des personnes ayant envie d'obtenir une promotion.)

Il faut l'avouer, malheureusement, les signes de reconnaissance de la qualité de notre travail ne sont pas quotidiens. Nous pouvons le regretter, mais le management tel qu'il existe en moyenne n'intègre pas l'importance de cette reconnaissance donnée (prouvée ?) aux collaborateurs et collaboratrices. Il est possible de s'en plaindre, mais, attitude beaucoup plus positive, il est également possible de faire avec ce que l'on a et d'aller au-delà afin de corriger le tir en améliorant sa crédibilité professionnelle. Ici, il ne s'agit pas de points techniques, mais plutôt de choses que, tous, nous pouvons mettre en place de façon très simple pour changer notre quotidien et le regard que les autres posent sur nous.

À ÊTRE PONCTUEL(LE) TU T'ENGAGERAS

Que ce soit pour une réunion ou la remise d'un dossier, être en retard ne montre que deux choses :

- son incapacité à gérer son temps ;
- son manque de respect envers le planning des autres.

EN APARTÉ

Être toujours à l'heure est assez simple. (Croyez-moi, c'est un vrai pro qui vous parle, je suis ce que l'on peut appeler un hystérique de la ponctualité.) Les personnes qui me connaissent vous diront que je ne suis jamais, jamais en retard quand je me suis engagé sur un délai. Question d'éducation peut-être… à moins que je ne sois un dangereux psychopathe, tout simplement psy-

chorigide, ce qui est une autre possibilité. On dira ce que l'on voudra, mais autant je vois très bien le bénéfice pour les autres d'être toujours à l'heure, autant, je ne saisis pas bien quel serait l'avantage d'être en retard, à moins que cela ne soit pour me caler sur celui des autres... Ça devient compliqué tout de même !

Il faut savoir définir soi-même les échéances en fonction de ses propres impératifs et, dans ce cas, il vaut mieux fixer un délai long et le respecter plutôt qu'un délai court et ne pas être dans les temps. En cas de retard pathologique (ça arrive, paraît-il), comme a tendance à le penser la psychothérapeute et directrice du Harley Therapy Clinic de Londres Sheri Jacobson, le retard systématique est « un symptôme d'une affection sous-jacente ou d'une dépression ». Une technique toute simple : avancer sa montre de 5 minutes ! (C'est une image... On peut opérer de même à l'échelle des journées, des semaines ou des mois...)

Être crédible en entreprise, c'est également ne pas être un poids pour les autres, mais un facilitateur. Pouvoir compter sur la ponctualité d'un collaborateur est beaucoup plus important qu'on ne le pense généralement.

EN APARTÉ...

Avez-vous remarqué comme les personnes systématiquement en retard ne comprennent pas que leur retard impacte l'ensemble des personnes concernées par leur présence ? Ce qui me rend dingue à ce sujet (et quand je dis dingue, croyez-moi, j'exagère à peine), c'est qu'une étude a montré que, quand il s'agit d'aller chez le médecin, 92 % des patients arrivent... en avance ! Comme quoi, quand il s'agit de notre petite personne, nous sommes capables du meilleur !

TOUJOURS POSITIF(VE) TU SERAS

Rien de pire que les sempiternels râleurs ! Quel que soit l'idée ou le projet, avant même d'en évaluer les éventuels aspects positifs, les problèmes et les difficultés sont évoqués. « Ce n'est pas possible », « on n'y arrivera pas », « c'est naze comme idée »... Autant de phrases qui, avant même de creuser la question, affichent une opinion tranchée et négative sur tous les sujets.

Je pourrais trouver des excuses et des explications à ce comportement (peur du changement, manque de confiance en soi, etc.), mais ce n'est pas le sujet. Gagner en crédibilité, c'est toujours écouter, et parler, de façon positive. Si une idée vous semble totalement saugrenue, ou stupide selon les cas, le principe n'est pas de dire que cette idée est ridicule tout de go, mais d'essayer de voir comment elle peut être améliorée pour fonctionner selon vos critères ; ou, tout aussi intéressant, de comprendre pourquoi, et comment, une idée aussi stupide a pu naître dans le cerveau d'un être humain. Être positif(ve), ce n'est pas mettre un voile rose sur tout ce qui se passe, c'est considérer que, quelle que soit la situation ou l'idée, une issue positive peut être trouvée. Et, quand il s'avère que l'idée présentée est effectivement totalement saugrenue, si au début vous étiez positif(ve) et avez fait l'effort de vous intéresser au sujet, il sera beaucoup plus simple de convaincre votre interlocuteur/trice de la nécessité d'abandonner son concept.

Il s'agit d'un principe de base, mais je vous assure que si celui-ci était plus souvent appliqué en entreprise, tout irait mieux. Quand une personne avec un tant soit peu d'intelligence présente une idée, elle est tout à fait capable de comprendre que celle-ci ne peut être validée si les arguments opposés sont un tout petit peu plus subtiles, construits et respectueux qu'un sec et définitif « ton idée est débile ».

TOUJOURS CALME TU RESTERAS

Être un chihuahua en entreprise, qui hurle sur tout ce qui se passe, n'est pas plus crédible qu'un chihuahua dans la rue. Élever la voix, c'est perdre le contrôle. Or, en entreprise, tout tourne autour du contrôle et de la maîtrise. Il est difficile d'imaginer un pilote d'avion se mettant à hurler au micro qu'il ne sait pas quoi faire au milieu d'une tempête. Garder son calme met en avant son professionnalisme et sa maîtrise de la situation et permet toujours de prendre la distance nécessaire pour gérer la situation. Cela semble évident, et pourtant, un grand nombre de managers en sont bien incapables. Je l'ai remarqué à de nombreuses occasions : c'est en situation de crise que l'on reconnaît les vrais bons collaborateurs, pas quand tout va bien…

Quand surgit une crise, il est toujours plus simple de prendre des décisions quand on conserve un comportement posé plutôt qu'en hurlant sur le mode « tu te rends pas compte, c'est la cataaaaaaaaaa !!! ». Au même titre qu'en cas de désaccord avec un collègue, si le ton monte, mieux vaut se taire, laisser passer la tempête (qui, comme le chihuahua, passe toujours), et lancer un laconique : « Bien, maintenant que tu as cessé de hurler, on peut parler sérieusement, échanger ? »

Deux personnes qui se hurlent dessus n'ont jamais fait avancer le schmilblick. C'est comme en temps de guerre : si les deux camps se balancent des roquettes, il faudra à un moment que l'un des deux se calme et commence à négocier s'ils veulent qu'il reste quelques survivants au conflit !

☞ ALTRUISTE TU DEVIENDRAS

Savoir faire passer l'intérêt de l'entreprise avant le sien est une qualité qui n'a pas de prix. Je me souviens que lors des négociations des augmentations annuelles (très protocolées dans l'entreprise dans laquelle je bossais), une manager est venue me voir pour refuser la sienne afin que l'une de ses collaboratrices puisse en bénéficier. Elle estimait être assez bien payée et avait besoin de motiver cette collaboratrice méritante. Sa crédibilité en tant que manager en a bien sûr été renforcée.

L'altruisme en entreprise, c'est admettre qu'il faut toujours agir dans l'intérêt du groupe plutôt que dans le sien en premier lieu, du matin au soir.

☞ CRÉATIF(VE) TU TE MONTRERAS

Gagner en crédibilité, c'est également savoir sortir du cadre. Un bon collaborateur remplit la mission définie par son contrat de travail. Un très bon collaborateur, c'est celui qui fera des propositions pour l'améliorer et fera progresser son périmètre et celui de l'entreprise, ce qui est possible à tout niveau hiérarchique.

Nous avons tous un périmètre clairement défini ; par contre, ce qui n'est écrit nulle part, c'est que ce dernier doit évoluer. Si une entreprise était une entité figée *ad vitam*, cela se saurait. Mais ce dont les collaborateurs n'ont pas toujours conscience, c'est que pour qu'une entreprise soit en mouvement, il faut que chacun fasse bouger les lignes ! Gagner en crédibilité, c'est participer à ce mouvement en n'hésitant pas à proposer de nouvelles pistes, et ne jamais considérer qu'il vaut mieux suivre le mouvement plutôt que d'en être l'initiateur.

Quel que soit notre niveau de responsabilité, nous sommes tous et toutes légitimes pour proposer des idées, petites ou grandes.

INSPIRANT!

C'est en se basant sur ce principe que certaines entreprises développent « l'intrapreunariat ». C'est un système dans lequel l'entreprise donne jusqu'à 15 % de son temps de travail aux salariés qui le souhaitent pour travailler sur des projets personnels n'ayant pas forcément de lien avec l'activité première de l'entreprise. En 2015, par exemple, Thales a lancé son premier concours de start-up en interne et, au premier semestre 2018, l'une des gagnantes, Heropolis, va devenir une entreprise indépendante après une période d'incubation. Bien sûr, nous ne sommes pas toutes et tous en capacité de créer une entreprise (heureusement), mais en revanche, savoir sortir de sa propre zone de confort, ça, c'est possible.

Alors, finalement, quel est l'intérêt de gagner en crédibilité ? Parce que c'est bon pour sa carrière ? Certes, mais l'essentiel n'est pas là. Il s'agit avant tout de se faire plaisir au quotidien, de réduire son niveau de stress et, surtout, de se lever chaque matin en se disant que la journée ne sera pas en tout point identique à la précédente. Tout cela est très égocentré et tourné vers son propre bien-être professionnel, ce qui est loin d'être inutile tout de même ! Mais travailler sur ces 5 points à un autre impact loin d'être inintéressant : les relations avec les autres sont beaucoup, beaucoup plus agréables, apaisées. Je constate trop souvent lors de mes passages en entreprise la lassitude de certain(e)s collaborateurs/trices... certes, l'entreprise a une responsabilité, mais au-delà de celle-ci, il y a celle de chacun pour rendre notre quotidien plus agréable !

ALORS BOB ?

Tu as tout compris ?

Je fais déjà tout ça, je te signale.

Bob... sois honnête avec toi-même, tu es loin d'être parfait, et c'est pour ça que tu ne l'as pas eue ta promotion !

M'en parle pas ! Suis dégouté ! Je bosse comme un dingue et côté récompense : nada, que dalle, que tchi, zobi ! Écœuré le Bob !

Et tu as fait quoi quand tu l'as appris ?

Ben, j'ai gueulé comme un putois, normal, non ?

Et avant que la promotion soit attribuée, tu as dit que tu la voulais ?

Euuuuh... oui, mais doucement, en chuchotant.

Bob, tu ne peux pas hurler quand ça ne va pas et chuchoter quand tu veux faire passer un message. Il va falloir que tu apprennes à gérer ton volume sonore !

TO DO DÈS DEMAIN

VOUS PENSEZ N'ÊTRE PAS DU TOUT CRÉDIBLE

- [x] Vraiment ? À ce point-là ? Bon... OK. Faites la liste de ce que vous pensez être les raisons de ce manque de crédibilité.

- [x] Notez chaque point de 1 à 10 (10, c'est le top crédibilité, 1... l'inverse).

- Commencez par les points les moins faibles et réfléchissez à comment, dès demain, vous pourriez changer cet état de fait ! RIEN N'EST IMMUABLE !!!

- Vous êtes un guerrier ninja sous amphétamines ? Allez voir le/la collègue que vous trouvez le/la plus crédible dans votre entourage et demandez-lui conseil. Trop souvent, en entreprise, nous pensons qu'il faut être parfait(e) et paraître parfait(e) en oubliant que demander un conseil peut faire gagner un temps considérable !

VOUS ÊTES LA CRÉDIBILITÉ INCARNÉE

- Rien que ça ? Même pas une petite chose que vous pourriez améliorer ? Allez, un effort...

- Faites la liste des raisons qui font que vous pensez être crédible.

- Notez chaque point de 1 à 10 (10, c'est le top crédibilité, 1... l'inverse).

- Prenez vos points les moins impressionnants et réfléchissez à comment obtenir un 10.

- Et... si vous avez le temps, donnez donc un coup de main à votre collègue qui est en train de réfléchir sur la colonne de gauche !

---

recettes express

JE SUIS PAS SUPERINTELLIGENT(E) MAIS JE ME KIFFE !

! Le fait de ne pas savoir résoudre une équation à 5 inconnues de tête n'a jamais été la garantie de vivre une vie qui déchire !

! Je connais un certain nombre de crétins qui ont fait une grande carrière et raté leur vie. De même, je connais des gens très intelligents qui n'ont rien fait de dingue dans leur carrière mais ont une vie personnelle extraordinaire. L'intelligence n'a jamais été une mesure du bonheur.

! L'intelligence est un concept totalement subjectif. Comme pour la beauté... Nous sommes toujours le crétin ou le génie de quelqu'un ! Choisissez mieux vos fréquentations...

BOB PARLE TROP FORT... OU TROP DOUCEMENT

« On se méfie des beaux parleurs, des "grandes gueules", de ceux qui bavardent à tort et à travers, souvent pour ne rien dire. Mais j'ai compris [...] à quel point la parole, si elle est utilisée à bon escient, est une arme exceptionnelle, une force redoutable qu'il ne faut jamais sous-estimer. »

Bertrand Périer, *La parole est un sport de combat*, JC Lattès, 2017

Bob a une voix... standard. Ce n'est pas véritablement ça qui est gênant. Au final, mis à part quelques personnes dont la voix est reconnaissable entre mille, notre timbre n'a rien d'extraordinaire. Non, le problème de Bob, c'est qu'il ne sait pas vraiment quand il doit parler doucement, fort, normalement. Bon, il y a malgré tout un progrès, car avant, il avait tendance à hurler sur ses collaborateurs et ses collaboratrices, ce qui avait un effet relativement désastreux sur la motivation de ces derniers.

Le volume de sa voix en dit long sur qui l'on est, mais surtout sur les messages que nous souhaitons faire passer. Selon Albert Mehrabian, 38 % de notre communication est vocale (intonation/son), c'est tout simplement énorme. Lorsque vous parlez pendant un fou rire, votre voix n'est pas la même que quand vous pleurez... C'est cela la communication vocale. Dire à quelqu'un « je te félicite », cela peut vouloir dire, en fonction du ton employé, tout... et son contraire.

Ce sont ces subtilités qu'il est important de maîtriser pour réussir à se valoriser.

Quand vous demandez une augmentation, si vous le faites avec une toute petite voix un tantinet gênée, l'impact ne sera pas le même que si vous avez un timbre affirmé. De la même façon, parler fort ou doucement n'a pas le même impact. Lorsque j'étais en entreprise, j'ai souvent baissé le volume sonore de ma voix afin de capter l'attention des personnes présentes à une réunion. Contrairement à ce que l'on peut penser, l'attention portée à ce que vous dites n'est pas forcément proportionnelle au volume sonore utilisé... au contraire. Si vous parlez doucement, les gens doivent tendre l'oreille pour entendre, et ne peuvent pas faire autre chose... lire leurs e-mails ou parler avec leur voisin !

Parfois, je rencontre des personnes qui me disent, évoquant leur façon de parler, « mais je suis comme ça, impossible de changer ». C'est faux, il suffit de le vouloir. Il y a bientôt 20 ans, j'avais tendance à monter le niveau de décibels de ma voix, pensant que je me ferais mieux entendre. J'étais du genre à pouvoir m'énerver assez facilement. Jusqu'à ce que je réalise deux choses :

- Quelle perte d'énergie que de s'énerver pour un oui ou pour un non.
- Réduire le niveau sonore quand je parle augmente très sensiblement l'attention que l'on porte à mes propos.

Alors certes, ce changement ne s'est pas fait du jour au lendemain, mais aujourd'hui, tout va bien. Toujours calme, le niveau sonore de ma voix évolue en fonction des situations.

Si vous êtes concerné(e) par ce sujet, faites un test lors de votre prochaine réunion : baissez le niveau de votre voix de façon significative, et vous verrez que le regard des personnes présentes changera, ainsi que leur attitude.

Bien entendu, si vous avez l'habitude de parler très doucement tout le temps, il est impératif d'apprendre à parler fort de temps en temps. Je ne parle pas de crier, vous vous en doutez, mais juste de savoir vous imposer si nécessaire. Les personnes qui parlent tout doucement en toutes circonstances passent pour des personnes timides que bien souvent on ne respecte pas pour ce qu'elles sont. Vous imaginez un lion qui ne fait que miauler ? Étrange, non ? Autant qu'un chaton qui rugirait comme un furieux, me direz-vous. Pas faux, sauf à dire que dans le deuxième cas, cela peut imposer le respect, tout du moins l'intérêt.

Le tout est dans cet art de savoir adapter son niveau sonore à la situation. C'est ainsi que vous tirerez le meilleur profit de ce que vous dites, exactement comme en musique. Imaginez-vous le Requiem de Mozart sans aucune variation sonore ? Que ce serait... quel est le mot poli déjà ? Ah oui... que ce serait lassant !

EN APARTÉ

Ce qui est compliqué en entreprise comme dans la vie, c'est que la nature humaine a tendance à vouloir classer les gens dans des catégories précises, de façon définitive. Cherchez dans votre environnement professionnel :

- ***Le gueulard***
- ***Celui/celle qui n'a jamais de chance***

- *Celui/celle qui a toujours de la chance*
- *Le chouchou du patron*
- *Le/la fayot(te)*
- *Le/la timide*
- *Celui/celle qui a les dents qui rayent le parquet*
- *L'idiot(e) du village*

Et je ne donne que quelques exemples. En général, nous trouvons quelqu'un qui peut endosser les rôles ci-dessus. Et pourtant, lorsque l'on se regarde dans le miroir, nous n'aimerions pas être étiquetés de telle façon. Mon père me disait que l'on est toujours l'abruti de quelqu'un. Qui vous dit que votre voisin ne pense pas que c'est vous l'idiot(e) du village ?

Cette digression pour vous faire comprendre qu'il faut être attentif à sa façon de parler afin de ne pas être coincé dans une case. Le meilleur moyen d'être vu tel que l'on est, c'est-à-dire « multifacette », c'est de montrer ces différentes facettes en jouant, aussi, avec sa façon de s'exprimer. Parfois, la vie en entreprise, c'est un petit peu comme une pièce de théâtre. En fonction des situations, des acteurs en présence, des sujets abordés, il faut savoir adapter son jeu, comme l'actrice ou l'acteur que vous êtes…

ALORS BOB ?

C'est bon Bob, tu as compris ?

(Bob chuchote)

Pardon, que dis-tu ? Ça marche pas ton truc, tu m'entends pas.

Il y a une différence entre parler doucement et marmonner, Bob. J'ai toujours aimé ton sens de la mesure.

C'est super dur ton truc.

Dur ?

Ben ouais... quand je parle, je m'entends dans ma tête, je sais pas si je parle fort ou pas.

Eh bien, entraîne-toi avec des gens qui te connaissent.

Quoi ?

Je t'entends, moi.

Et ?

Et je peux t'aider pour caler tes trois niveaux sonores : normal, doucement et fort.

Tu ferais ça ?

Bien sûr.

Trop sympa mais ça veut dire que je vais devenir super terne comme mec.

Pourquoi tu dis ça ?

Ben en gros, ce que tu me demandes, au final, c'est d'arrêter de gueuler.

Bob, ce que je te demande,
c'est d'adapter la forme au fond.

C'est bien ce que je dis, interdit
de pas être content le Bob.

Pas du tout, au contraire. Sur le fond,
tu dois t'accorder le droit de râler,
sur la forme, tu dois t'interdire de
gueuler, c'est très différent.

TO DO DÈS DEMAIN

VOUS PARLEZ TROP FORT, TOUT LE TEMPS

- [x] Si c'est le cas, il est urgent d'agir. Les personnes qui parlent trop fort sans cesse ont tendance à épuiser leur entourage. Il y a une vraie différence entre « entendre » et « écouter ». Aucun doute, les gens vous entendent, mais risquent de finir par ne plus vous écouter.

- [x] Au début, vous verrez, vous aurez le sentiment de chuchoter. Entraînez-vous avec quelqu'un en qui vous avez confiance en lui demandant quel est le bon volume à employer (assurez-vous de ne pas demander à un ami ayant une déficience auditive, c'est mieux). Une fois ce volume trouvé, utilisez-le pour toutes les situations « standards » et utilisez votre grosse voix quand vous devez faire passer un message avec force.

- [x] Vous êtes un guerrier ninja sous amphétamines ? Lors de la prochaine réunion à laquelle vous assistez en présence de plus de 5 personnes, annoncez que votre orthophoniste vous a demandé de réaliser un exercice très important pour votre santé : demandez à tout le monde, durant toute la réunion, de parler avec le même niveau sonore que le vôtre. Au-delà du mal de tête que cela vous procurera, probable que cela vous permette de prendre conscience plus rapidement qu'il est urgent de moduler votre voix.

VOUS NE PARLEZ PAS ASSEZ FORT, TOUT LE TEMPS

- [x] Lors de la prochaine réunion avec plus de 5 personnes à laquelle vous participez, enregistrez-la en mettant votre téléphone à l'entrée de la salle – bon, pas pendant une réunion ultrasecrète, histoire que vous ne soyez pas accusé(e) d'espionnage industriel. Dès que vous sortez, écoutez le décalage sonore entre vos interventions et celles des autres. Il s'agit ici de prendre conscience du sujet.

- [x] Demandez à quelqu'un de confiance de définir le bon volume. Sans aucun doute vous aurez le sentiment de parler très très fort. Il faut vous habituer à ce volume, car c'est celui que vous devez utiliser dans plus de la moitié des situations en entreprise.

- [x] Spécial copinage : allez rendre visite à mon ami Patrick Grang, un incroyable coach pour la gestion de la voix ! Bon, c'est vrai, on n'a pas toujours les moyens d'avoir recours à un coach perso... Heureusement, il existe de très bons bouquins sur le sujet ! Au hasard : *Bien dans sa voix, bien avec soi*, de Noella Finzi (Marabout, 2017).

BOB N'OSE PAS RÂLER

« Gare à la mauvaise humeur ! dispersez-la dès qu'elle se forme : ne la laissez pas vieillir ! » Henri-Frédéric Amiel

Selon une étude de la société Healthspan, nous sommes de mauvaise humeur 10 jours par an, soit 5 h par semaine.

Selon le psychologue Joseph Forgas, de l'Université de Sydney en Australie, qui a étudié pendant plus de dix ans l'impact de la mauvaise humeur sur la mémoire, être de mauvaise humeur stimule la mémoire.

Des chercheurs de l'université de Jena en Allemagne, suite à une étude menée sur quelque 6 000 patients et publiée dans la revue *Journal Health Psychologies*, montrent qu'exprimer son mécontentement augmente l'espérance de vie grâce à une action bénéfique sur la réduction du stress

81 % des Français souhaitent faire entendre leur voix et sont favorables à l'instauration des référendums d'entreprise prévus dans les ordonnances visant à réformer le Code du travail et présentés par le gouvernement le 31 août 2017. (Source : OpinionWay)

Bob est souvent de mauvaise humeur, contrarié. Que ce soit le contrat qu'il n'a pas décroché, ou le sentiment d'injustice qui l'envahit parce qu'il n'a pas eu la promotion qu'il voulait, intérieurement, il bout.

Avant, quand il était dans cet état, il hurlait sur la première personne qui passait, ce qui n'était pas vraiment une solution. Grâce à *Mon boss est nul, mais je le soigne*, il a fini par comprendre qu'en entreprise, s'exprimer en hurlant était contre-productif. Mais le problème est qu'il n'a pas appris à gérer ses frustrations. Maintenant, ses hurlements sont dans sa tête. Vous me direz que plutôt que de pourrir la vie des autres, mieux vaut qu'il ne pourrisse que la sienne... je vous l'accorde. Il y a cependant moyen que tout le monde soit heureux.

On me demande souvent si quelqu'un de bienveillant peut râler et, surtout, si le concept de bienveillance est compatible avec le fait de râler. La réponse est « oui »... 1000 fois « oui ». Où est-il écrit que pour être bienveillant il faut tout accepter de la part de tout le monde, qu'il faut se taire alors que la moutarde vous monte au nez, qu'il faut se rabaisser plutôt que de pointer du doigt une incompétence patente ? Cela dit, la question est intéressante et mérite que l'on s'y penche un petit peu plus précisément.

POURQUOI RÂLE-T-ON ?

Généralement, le fait de râler est dû à un décalage entre ce que l'on espérait et ce que l'on obtient. Que ce soit envers soi, ou envers les autres. Ce décalage nous horripile, car nous pensons qu'il aurait largement pu être évité. C'est la frustration qui nous pousse à râler ! Soyons honnêtes, des raisons d'être frustré(e)s au travail, il y en a beaucoup ! Le principe même de la vie en société demande une adaptation permanente. Cela ne signifie pas que nous devons nous plier aux désirs des autres systématiquement ; par contre, cela signifie qu'il est impératif de trouver des terrains de compromis permettant à chacune et chacun de s'épanouir.

CONTRE QUI RÂLE-T-ON ?

Contre les autres en premier lieu, mais aussi contre soi-même. Mais si nous regardons un peu plus loin, et de façon franche, c'est souvent contre nous-mêmes que nous nous retournons, contrariés que nous sommes d'avoir fait confiance à telle ou telle personne, de ne pas avoir anticipé quelque chose, de ne pas avoir vu assez tôt qu'un collaborateur était perdu dans les missions confiées... Au final, dans bien des cas, c'est contre nous-mêmes que nous devrions râler avant de nous adresser de façon constructive à notre interlocuteur. La nature humaine est ainsi faite que l'on aime bien se sentir coupable !

EN APARTÉ

Dans certains cas extrêmes que j'ai pu rencontrer, comme du harcèlement moral ou sexuel, il est impressionnant de voir à quel point la victime culpabilise. C'est la personne qui subit qui pense devoir porter la responsabilité de la situation. Une femme active sur cinq a fait face à une situation de harcèlement sexuel dans son parcours professionnel, mais seulement 5 % des cas ont été portés devant la justice (source, IFOP, étude de 2014 pour le Défenseur des droits). Pression sociale, peur de perdre son emploi, sentiment de culpabilité. Autant de facteurs qui font qu'au final, le silence reste maître.

Alors bien entendu, ce cas de harcèlement est extrême par rapport à toutes les contrariétés que l'on peut avoir. Mais si l'on pousse le raisonnement un peu plus loin, si nous ne sommes pas capables de nous exprimer quand il s'agit de sujets vraiment graves, il n'y a pas de raison pour que nous le fassions pour des choses de moindre importance, que nous préférons taire en nous disant qu'au final, on pourra bien gérer cela seul(e).

COMMENT RÂLE-T-ON ?

Dans cette situation, la forme est absolument fondamentale. En entreprise, deux attitudes sont à éviter :

- Râler intérieurement : si nous n'exprimons pas notre mécontentement, difficile d'imaginer que celui-ci puisse disparaître ou que la personne responsable de ce mécontentement puisse évoluer afin que ce dernier disparaisse.
- Râler bruyamment : un niveau de décibels élevé n'aide pas à être mieux écouté ! Hurler est preuve de faiblesse et de non-maîtrise de soi : pas idéal pour faire passer un message !

Il est possible de tout dire à quelqu'un, tant qu'on y met la forme. Le mot « râler » a une connotation très négative dans notre langue. La définition du Larousse est la suivante : Râler (Familier) : manifester son mécontentement, sa mauvaise humeur par des plaintes, des récriminations.

Cette définition ne suppose pas que l'on hurle ou que l'on soit désagréable, juste que l'on est en désaccord ou mécontent(e). Bien sûr, un manager préférera toujours avoir une équipe de personnes souriantes du soir au matin. Mais c'est encore mieux si c'est sincère. Rien de pire qu'un collaborateur ou une collaboratrice qui, en façade, dit que tout va bien et qui se plaint sans cesse une fois à la maison ou devant la machine à café.

Exprimer de façon posée que l'on est mécontent, et chercher une solution, voilà un acte professionnel.

QUEL EST L'INTÉRÊT DE RÂLER ?

En premier lieu, pour un motif égoïste : vivre avec des frustrations nous empêche d'être sereins et de nous tourner vers l'avenir positivement.

En second lieu, une raison altruiste : si une situation ne nous convient pas (encore une fois, je ne parle que dans le cadre de la vie professionnelle), ne pas la faire évoluer aura des conséquences sur la vie de l'entreprise, sa performance, etc. Dire à quelqu'un « je ne suis pas satisfait de ce que tu as fait » a un véritable intérêt si cela est dit calmement, que vous expliquez les raisons de votre mécontentement et, surtout, que vous évoquez des pistes d'améliorations afin que la situation ne se représente pas. Une entreprise est en mouvement perpétuel et ce mouvement n'est pas spontané, il est initié par les personnes qui y travaillent !

Alors je vous entends d'ici : « Mouais… il est gentil Chatelain, mais moi, chaque année, je râle parce que je suis pas augmenté(e) et je vois pas bien ce que je pourrais faire. » Eh bien cela fonctionne exactement de la même manière. Si vous râlez, c'est que vous devez avoir des raisons objectives de le faire : exprimez-les, mais avec les formes ! Une chose est certaine, ce n'est jamais en gardant le silence que les choses peuvent changer. Je l'ai vérifié un très grand nombre de fois, c'est incroyable le nombre de choses que l'on peut obtenir en demandant alors que l'on était certain de n'avoir aucune chance.

Bref, je vous l'affirme, être pro, c'est également savoir râler, de la bonne façon et à bon escient. Tout n'est pas parfait dans notre quotidien professionnel et l'un des intérêts de travailler est de tendre, chaque jour un peu plus, vers cette perfection. Rassurez-vous, le chemin est tellement long qu'il n'est pas certain d'arriver au bout avant la retraite… Mais malgré tout, le fait de dépasser les unes après les autres ses éventuelles frustrations, c'est déjà pas mal !

ALORS BOB ?

C'est compris, Bob ?

Franchement, dans le bouquin précédent, tu voulais que j'arrête de gueuler et maintenant tu veux que je recommence, t'es pas clair comme conseiller quand même.

Bob, ça serait bien que tu écoutes. Râler ne veut pas dire hurler, ça veut juste dire que tu exprimes ton mécontentement.

Avec le sourire ?

Oui, bien sûr, pourquoi pas ?

Donc je vais aller voir mon boss, avec le sourire, pour lui dire que c'est un abruti de ne pas m'avoir choisi pour la promotion ?

Si tu enlèves le mot « abruti » et que tu lui expliques que tu souhaiterais comprendre pourquoi il ne t'a pas choisi, le tout avec le sourire, je suis certain qu'il le fera avec plaisir.

Ah...

Et je vais même te dire plus, je suis certain qu'il t'en sera reconnaissant et que son regard sur toi changera. Si tu fais cela, tu seras un vrai bon pro.

Sourire, pas d'insultes, pas hurler, parler normalement de tous les sujets, c'est ça être un bon pro ?

Tu commences à comprendre Bob, mais ce n'est pas tout.

Quoi encore ?

Avant de gérer tes problèmes, il faut s'intéresser à ceux des autres.

Rien que ça.

Tu vas voir, c'est dans ton intérêt.

TO DO DÈS DEMAIN

VOUS NE RÂLEZ JAMAIS

- [x] Sérieux ? Tout va toujours bien ? Jamais une petite saute d'humeur de rien du tout, une petite insatisfaction ou frustration ? Alors... soit vous êtes un moine bouddhiste particulièrement puissant et avez atteint la plénitude parfaite (et là, je suis très très jaloux), soit vous vous voilez la face. Ce n'est pas grave de ne pas être content(e), si c'est de temps en temps !

- [x] Prenez la journée qui vient de passer : que changeriez-vous dans celle-ci pour qu'elle soit absolument parfaite ? Vous avez trouvé ? Parfait... Demain, essayez de changer ce point. Vous voilà sur la voie du « râler constructif ».

- [x] Vous êtes un guerrier ninja sous amphétamines ? Prenez la journée d'hier et, heure par heure, faites la liste de tout ce que vous auriez pu faire de mieux ou de différent pour être encore plus au top. Une fois la liste faite : lancez-vous et faites la même chose le lendemain... et ce pendant un an ! Ah ben oui... vous êtes un ninja ou pas ?

VOUS RÂLEZ SANS CESSE

- [x] Aaaaaah, vous faites partie de ces personnes pour qui rien ne va ? Au moment où vous lisez ces lignes, trouvez LA chose positive qui vous est arrivée dans le mois précédent et notez-la sur un papier. Relisez ce papier quelques fois, histoire de vous convaincre que tout n'est pas sombre dans votre vie !

- [x] Allez acheter une grande vasque que vous poserez quelque part chez vous. À la fin de chaque journée, notez sur un papier une chose de positive qui vous est arrivée dans la journée, n'oubliez pas de mettre la date. Les jours où vous aurez un accès de « je râle au max », relisez quelques-uns de ces papiers, vous verrez, ça remonte le moral !

KIFFE LES AUTRES, BOB !

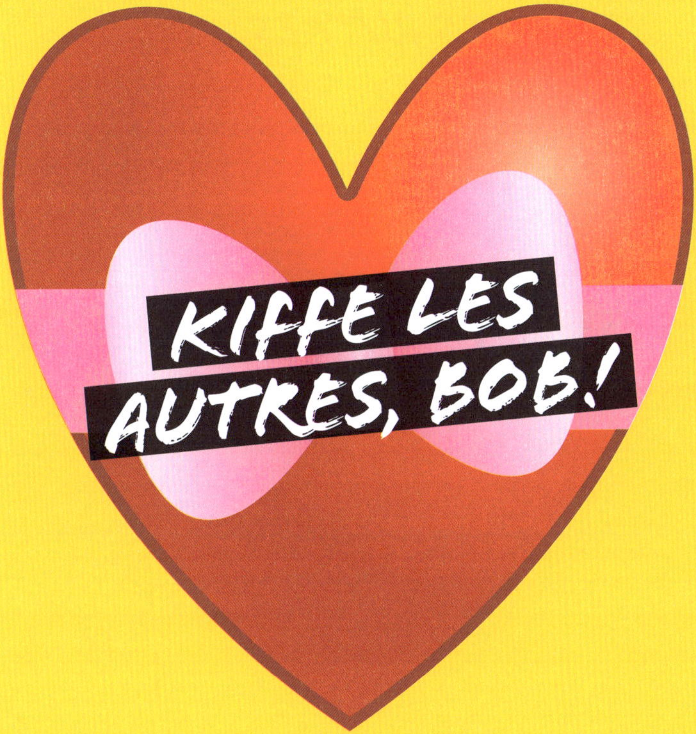

BOB NE S'INTÉRESSE PAS AUX PROBLÈMES DES AUTRES

« Un problème créé ne peut être résolu en réfléchissant de la même manière qu'il a été créé. » Albert Einstein

Pour 45 % des salariés, l'écoute est l'une des premières qualités que doit avoir un manager.

(source : OpinionWay)

81 %

des recruteurs ont déjà refusé des candidats aux soft skills insuffisantes.

(source : Adecco)

Dans 95 % des offres d'emploi, des compétences autres que purement techniques (ce qui est couramment appelé les « soft skills ») sont mentionnées comme, par exemple, la capacité d'écoute ou l'autonomie. (source : Apec)

Bob sait qu'il doit changer, progresser. Il a déjà fait une partie du chemin, mais, comme vous pouvez le constater tout au long de ce livre, il est loin d'être parfait. Cependant, quand Bob regarde ses congénères, il est critique, très critique, trop critique. Au lieu de les observer, il les juge.

Les défauts des autres sont un miroir très intéressant. Nous pouvons nous inspirer du meilleur, mais également du pire ! Bob a une nature, nous dirons, très critique envers les autres. « Voir la paille dans l'œil du voisin sans voir la poutre que l'on a dans son propre œil. » J'ai toujours bien aimé ce proverbe, mais ici, il s'agit également de voir la paille dans l'œil du voisin sans forcément en avoir une soi-même, et ce pour plusieurs raisons :

DEVENIR UN MANAGER COACH

Selon un sondage OpinionWay 45 % des sondés estiment que l'écoute (45 %), le respect (41 %), l'exemplarité (37 %), la confiance (37 %) et la pédagogie (35 %) sont les qualités essentielles du manager au 21e siècle. Un manager coach, c'est tout cela. Il écoute les problématiques soulevées pas ses équipes au lieu de les balayer d'un revers de la main.

EN APARTÉ

Cela me rappelle une anecdote vécue lorsque je dirigeais une très grande équipe. Un matin, une collaboratrice entre, furieuse, dans mon bureau. « Je vais la tuer », me lance-t-elle. Je lui demande ce qui se passe et elle me répond qu'elle n'en peut plus que sa voisine de bureau... lui vole ses Post-it. Ridicule ? Dit comme cela, oui. Mais après avoir écouté cette femme puis fait venir ladite collègue, il s'est avéré que l'armoire où étaient rangés les Post-it était de l'autre côté du bâtiment, mais que sa collègue l'ignorait... Problème réglé en 5 minutes grâce à l'écoute. Cela semble bien anecdotique, mais chaque personne en entreprise ne doit pas considérer que ses problèmes sont plus importants que ceux de son voisin, et, inversement, que ceux de ses collègues le sont moins !

Malheureusement, un manager a souvent tendance à se focaliser sur les personnes avec lesquelles il a le plus d'affinités. Or, un bon manager se doit de s'occuper de tous les membres de son équipe, sans distinction, d'optimiser les performances de toutes et tous. Respecter chaque collaborateur/trice, c'est mettre tout le monde sur un pied d'égalité.

- Un manager coach est une sorte de guide. Un guide ne sort jamais du chemin sur lequel il entraîne ses troupes ! Être exemplaire, c'est assez simple : toujours s'appliquer à soi-même ce que l'on impose aux autres. Si vous imposez à vos collaborateurs une pause déjeuner de moins d'une heure, ne partez pas vous-même pendant 2 heures déjeuner avec votre collègue !
- Un manager doit inspirer confiance. Je ne sais pas pour vous, mais moi, si je monte dans un avion et que je vois que le pilote est aveugle et ivre mort… Comment vous dire… il est probable que je fasse demi-tour. Un manager, c'est pareil, s'il n'inspire pas confiance, personne ne le suivra.
- Un manager doit être pédagogue. Il n'est pas suffisant de s'intéresser aux points faibles et aux « incompétences » de son équipe. Il faut les comprendre et par la suite leur expliquer comment remédier à ces faiblesses ! Être pédagogue, comme un manager coach doit l'être, c'est faire progresser les connaissances et les compétences de son équipe sans pour autant faire se sentir chaque personne comme étant un moins que rien digne d'un bulot décérébré. Être pédagogue, c'est savoir expliquer sans rabaisser l'autre, et sans faire penser que l'on est supérieur parce que NOUS, nous savons.

PROGRESSER DANS SON APPRÉHENSION DES PROBLÉMATIQUES

Un bon manager doit savoir se mettre à la place de l'autre. Ce n'est pas parce que Bob comprend quelque chose que tout le monde doit le faire, et ce n'est pas parce qu'il aborde une problématique d'une certaine manière que tout le monde doit faire de même. Une certitude : à de rares exceptions près, un problème est toujours soluble... mais un problème n'a jamais une seule solution. Ce qui nous semble simple ne l'est pas forcément pour notre voisin(e). Et cela ne veut pas dire pour autant que ce(tte) dernier(ère) est stupide.

Les faiblesses des autres, qu'ils soient sous notre autorité ou non, voire nos boss, sont extrêmement importantes. Si nous estimons que ce sont des faiblesses, il y a deux options :

Après analyse, il s'avère que ce n'en sont pas et que c'est nous qui étions dans l'erreur. Prendre le temps de comprendre tel ou tel comportement nous permet d'en analyser les causes et les conséquences. Ce que l'on pensait être une erreur au premier abord peut nous apprendre quelque chose.

Si c'est effectivement une faiblesse, en comprendre les causes peut permettre d'en éviter les conséquences. Se contenter de juger n'a jamais fait avancer les choses. Si vous constatez qu'un(e) collègue a effectivement une faiblesse ou un défaut qui lui nuit à lui/elle ou à l'entreprise, vous n'avez rien à perdre de lui en parler. À titre personnel, n'aimeriez-vous pas que votre entourage s'inquiète de la qualité de votre travail ? (Je ne vous parle pas de critiquer tout, tout le temps. Ça, ça s'appelle donner des leçons.)

S'intéresser aux problèmes des autres, c'est le premier pas vers plus d'empathie. Dans une entreprise, comme dans un couple (je sais, la comparaison est un tantinet flippante, mais c'est la réalité), tout le monde doit aller dans la même direction. Si vous voyez quelqu'un sortir du chemin, directement ou indirectement, vous serez impacté(e) à court ou moyen terme, c'est une évidence.

J'ai trop souvent constaté en entreprise un manque patent de solidarité entre les salariés. Ce qu'il faut comprendre, c'est que si une entreprise est constituée d'individus qui ont chacun leur spécificité, ce sont ces individus dans leur diversité qui constituent l'unité de l'entreprise et surtout, qui la font avancer. La force d'une chaîne se définit toujours à celle de son maillon le plus faible. Si vous avez une chaîne extrêmement forte, quelle que soit sa longueur, il suffit d'un maillon faible pour qu'elle se brise à la moindre traction. Il est de la responsabilité de tous les maillons forts d'identifier les maillons faibles afin non pas de les supprimer, ce qui briserait la chaîne, mais de les renforcer. Il en va de l'intérêt de toutes et tous.

ALORS BOB ?

> Si je comprends bien, je dois chercher les mauvais.

> **Ce n'est pas ce que j'ai dit, Bob. Tu dois t'y intéresser si tu en croises un.**

Je vais perdre un de ces temps !

Pourquoi ?

Y a plein de nuls au Slip Breton.

Si tu dois retenir une seule chose Bob, c'est que l'on est toujours le nul de quelqu'un.

Pardon ?

Tu n'es pas parfait en tout Bob, désolé.

Et ?

Eh bien tu auras tout intérêt à ce que les personnes douées dans tes points faibles t'aident à t'améliorer au lieu de se moquer de toi ou de t'enfoncer.

Ah ouais, ça c'est sûr.

Eh bien si c'est ce que tu veux,
commence par le faire avec les autres.

Et je vais devenir super-balaise ?

En tout cas, tu serviras au mieux
les intérêts de ton entreprise.

Et j'aurai une augmentation ?

Peut-être, si tu la mérites
et que tu la demandes.

La demander ?

Bien sûr. Mais tant qu'à faire,
il faudrait le faire de jolie façon.

C'est-à-dire ?

Bob, j'ai regardé tes e-mails,
ils sont bourrés de fautes
d'orthographe.

Et alors ? Tout le monde s'en fout tant qu'on comprend le sens.

On part de loin, là...

TO DO DÈS DEMAIN

VOUS NE VOUS INTÉRESSEZ QUE PEU AUX PROBLÈMES DES AUTRES

- ☑ C'est vrai, dans notre vie professionnelle, nous sommes très souvent débordés par nos propres problématiques et il n'est pas simple de prendre le temps de s'intéresser à celles des autres. Dites-vous que l'aide que vous offrirez vous sera offerte en retour.

- ☑ La prochaine fois que quelqu'un vous dit « j'ai un problème », n'hésitez pas une seule seconde et répondez « comment puis-je t'aider » ?

- ☑ Vous êtes un guerrier ninja sous amphétamines ? Envoyez un e-mail à l'ensemble de vos collègues pour annoncer qu'une fois par jour, à l'heure du déjeuner, vous vous tiendrez à leur entière disposition pour les aider à résoudre leurs problèmes dans la mesure de vos capacités.

recette express

- ☑ Faites la liste de vos propres défauts. Si, si, vous en avez, c'est certain ; par pitié, évitez-moi les défauts du genre la gourmandise ou encore « je suis têtu(e), mais c'est également une force en entreprise, cela montre que je suis pugnace » beuuuuurk. Non, du vrai défaut, un peu d'introspection que diable !

- ☑ Choisissez la personne dans votre entourage professionnel qui a le plus grand nombre de défauts à vos yeux et trouvez-lui a minima 5 qualités.

- ☑ Faites un tableau avec d'un côté vos défauts, de l'autre ses qualités et posez-vous la question de ce que cette personne pourrait vous apprendre.

J'AI PAS TOUJOURS UN MORAL AU TOP... MAIS JE ME KIFFE !

Un grand vin s'apprécie nettement plus si vous le buvez après une infâme piquette. Au prochain coup de mou, dites-vous qu'il est là pour vous faire mieux apprécier votre prochaine grande joie !

Quand vous vous sentez bien, notez-en la raison sur un morceau de papier et mettez-le dans un bocal. En cas de coup de mou, relisez vos petits papiers.

Perso, tant que je n'aurai pas gagné à l'Euromillions, refusé une demande en mariage de Claudia Schiffer et récupéré le physique que j'avais quand j'avais 20 ans, pas sûr que je n'ai pas quelques coups de mou par ci par là. Va bien falloir que je m'habitue...

BOB FAIT DES FAUTES D'ORTHOGRAPHE

« L'orthographe est de respect ; c'est une sorte de politesse. » Alain

Selon le baromètre Voltaire, 34 % des hommes maîtrisent les 84 règles d'orthographe courantes, 40 % des femmes.

La France est en 26e position du classement PISA de l'OCDE qui mesure le niveau scolaire des élèves de 15 ans, en recul.

Les hommes obtiennent en moyenne 532 points au Certificat Voltaire, contre 602 points pour les femmes. Depuis 7 années que ce baromètre existe, les femmes ont toujours obtenu de meilleurs résultats.

Bob ne prête que peu d'attention à l'orthographe et à la façon dont il rédige ses e-mails. Fautes de frappe, fautes d'orthographe... peu importe, tant que le message est là. Pourquoi pas. Étrange, mais... pourquoi pas. Ce qui est étonnant, c'est que Bob est beaucoup plus tolérant avec ses propres fautes qu'avec celles de ses collaborateurs ou collaboratrices ! Et de fait, nous ne relisons pas toujours ce que nous venons d'écrire, pris par le temps que nous sommes.

Et c'est encore pire sur nos smartphones ! Que celui ou celle qui n'a pas maudit au moins une fois dans sa vie le correcteur orthographique automatique lève immédiatement la main !

L'immédiateté de ses réponses empêche Bob de se relire. Dans son esprit, mieux vaut une réponse rapide et mal orthographiée qu'une réponse lente et digne d'un roman de Balzac. Il y a du vrai… et du faux en cela. Si l'on doit classer les fautes dans un e-mail, il y a deux catégories : les fautes de frappe et les fautes d'orthographe pures et simples.

Pour Andrew Brodsky, doctorant à la Business School de Harvard, les erreurs involontaires (fautes de frappe) pourraient exprimer autre chose qu'un simple dérapage de nos doigts sur le clavier. Au-delà d'être des erreurs parfois embarrassantes, elles pourraient être un aperçu de nos émotions.

Sigmund Freud théorisait sur l'aspect très révélateur du lapsus verbal – ce sont des pensées inacceptables, car réprimées par la conscience, qui sont libérées par les lapsus. Il en serait de même par écrit.

Heureusement, tous les lapsus ne sont pas forcément révélateurs. Il s'en produirait un en moyenne tous les 600 à 900 mots et plus de 70 % sont corrigés dès que la personne prend conscience de ce qu'elle vient de dire. C'est plutôt quand ils sont complètement en contradiction avec ce qui voulait être dit qu'ils sont à prendre en compte. Par écrit, ce genre de lapsus est plus rare, sauf si nous sommes un gros utilisateur de correcteur automatique… là, c'est ce dernier qu'il faudrait psychanalyser !

Selon moi, la faute de frappe, ou le lapsus par écrit n'est pas vraiment dramatiqus. Le support d'écriture, l'urgence de la réponse, la taille de ses doigts (et je parle en connaissance de cause) peuvent, si ce n'est excuser, a minima expliquer ce genre de faute. En revanche, il en est autrement pour les fautes d'orthographe. D'ailleurs, concernant les fautes de frappe, voici un texte que vous connaissez peut-être qui a fait le tour du web il y a quelques années :

> ***« Sleon une édtue de l'Uvinertisé de Cmabrigde, l'odrre des ltteers dnas un mot n'a pas d'ipmrotncae.***
>
> ***La suele coshe ipmrotnate est que la pmeirère et la drenèire lrtete soenit à la bnnoe pclae.***
>
> ***Le rsete peut êrte dnas un dsérorde ttoal et vuos puoevz tujoruos lrie snas porlblème. C'est prace que le creaveu hmauin ne lit pas chuaqe ltetre elle-mmêe, mias le mot cmome un tuot. »***

Le sens ne serait pas altéré par une faute de frappe, juste l'attention perçue par le récepteur que l'émetteur a mise à la rédaction de ce message.

Les fautes d'orthographe racontent qui est une personne : son niveau d'éducation, certes, mais surtout l'attention qu'il porte à son interlocuteur/trice. Je ne sais pas vous, mais moi, dans un restaurant, quand un plat arrive, la présentation est aussi importante que le goût du plat, quel que soit le raffinement de ce dernier. La présentation en dit beaucoup sur la façon dont le plat a été réalisé et l'importance que l'on prête au client. Certaines fautes d'orthographe sont assez inacceptables en entreprise. Petit exercice pratique avec le dernier e-mail que Bob a fait à Jessica, sa boss (je précise que ce n'est qu'un extrait, l'e-mail faisait 10 pages).

« J'ai eu un appel de notre fournisseur de tissus qui m'a annoncer qu'il ne pourrait pas nous livré en telmps en et heure pour la commande de notre client. Tu sais à quel point ma relation avec nos client est importante et je demandai si tu ne pouvais pas intervenir auprès de lui pour mettre la prsseion. Ça marche souvent »

OK, fautes de frappe dues à la rapidité de frappe, mais se tromper sur un pluriel ou sur l'accord d'un verbe… Si Bob veut passer pour un analphabète, bien lui en fasse, mais il existe un certain nombre de postes où ce n'est pas envisageable. Ce qui est, honnêtement, assez inquiétant, c'est que la culture du SMS n'arrange rien. Nombre de fois j'ai dû dire à des collaborateurs qu'un e-mail ne commençait pas par « bjr Gaël », mais par « Bonjour ». Je sais bien que cette culture du SMS a changé beaucoup de choses, mais très factuellement, un jour, pour me convaincre, il faudrait me montrer comment on utilise l'incroyable temps gagné en ne tapant pas 4 lettres de plus.

Comme dans les échanges en face à face, les premières phrases sont fondamentales !

Les fautes d'orthographe que je qualifie d'« inacceptables » sont très simples à éviter : une relecture ou l'utilisation d'un correcteur non automatique permettent généralement de supprimer ces verrues ! « L'orthographe ne fait pas le génie. » Disait Stendhal ; c'est vrai. Mais là, je ne parle en aucun cas d'intelligence. Je connais quelques personnes brillantes qui ne sauraient écrire trois lignes sans fautes… mais ce n'est pas leur métier. Ici, nous parlons de respect porté à son interlocuteur et de l'image que l'on souhaite transmettre. 55 % du langage serait non verbal (attitude, gestes…). Si nous transposons à la communication par l'écrit, les fautes d'orthographe et les fautes de frappe sont l'équivalent de ce langage non verbal.

Et croyez-moi, je suis loin d'être le champion du monde de l'orthographe et de la perfection en termes de frappe. J'écris très vite, trop vite, et ne me relis que rarement – sauf pour ce livre bien entendu ☺ – mais je sais que je ne fais pas (trop) de grosses fautes. Mais quand j'étais en entreprise, mon attention redoublait, probable souvenir traumatisant d'un professeur de français qui mettait plus de rouge sur les copies de ses élèves qu'il n'y avait d'encre posée par ces derniers. Ce qui est particulièrement frustrant pour des personnes comme moi, c'est de recevoir comme seule réponse à un e-mail important « tu aurais pu te relire »... L'orthographe n'est pas ce qui fait l'idée, aucun doute à ce sujet. Cependant, l'orthographe est l'emballage de celle-ci !

ALORS BOB ?

C'est bon Bob, tu vas faire attention maintenant ?

Que de temps perdu, franchement. Le sens est dans les mots, pas dans la façon de les écrire.

Tu as raison Bob. Mais l'orthographe, si elle ne change pas le sens de tes mots, change l'image que tu donnes de toi à tes interlocuteurs.

Et alors ?

Tu as envie de passer pour un inculte ?

Non, pas vraiment.

Et tu as envie de passer pour quelqu'un qui ne respecte pas les autres ?

Pas vraiment non plus.

Écris moins, mais écris mieux alors.

Pffffff… ça va prendre un temps de dingue.

Du temps, il va t'en falloir une certaine quantité.

Pourquoi, y a autre chose ?

C'est bien de savoir écrire mais il va falloir que tu apprennes à parler, également.

Je sais parler.

Oui oui... au même titre que selon toi, tu sais écrire, Bob.

Aïe.

C'est ça !

TO DO DÈS DEMAIN

VOUS FAITES PLEIN DE FAUTES D'ORTHOGRAPHE

- [x] Activez le correcteur orthographique pour tous les logiciels qui traitent du texte. Vous ne pourrez ainsi jamais envoyer le moindre e-mail sans que ce dernier n'ai fait son œuvre.

- [x] N'appuyez plus jamais sur « envoyer » sans avoir relu a minima 2 fois votre texte. La plupart des fautes que vous faites sont des fautes d'inattention. Votre cerveau connaît la règle, mais vos doigts l'ont ignorée...

☑ Vous êtes un guerrier ninja sous amphétamines ? Faites une dictée par jour jusqu'à ce que vous ne fassiez aucune faute. Il existe des sites spécialisés pour cela (par exemple : https://bescherelle.com/dictees-audio). 10 minutes d'exercice quotidien et vous serez bientôt le Bernard Pivot de l'e-mail.

VOUS AVEZ DES COLLABORATEURS/TRICES QUI FONT DES FAUTES SANS CESSE

☑ À la fin d'une réunion d'équipe, mettez à l'ordre du jour le sujet de l'orthographe et dites à votre équipe que, vous-même, il y a quelques années, vous aviez des problèmes d'orthographe jusqu'à ce que l'un de vos boss vous fasse la remarque. Il ne s'agit pas de faire se sentir mal votre équipe, mais de les faire progresser.

☑ Demandez-leur d'appliquer l'une des trois règles de la rubrique précédente (de préférence dans l'ordre d'apparition, car je crains que si vous demandez à votre équipe de faire une dictée par jour, l'ambiance se tende assez rapidement).

BOB… NE SAIT PAS « PARLER POSITIF »

« Le langage fabrique les gens bien plus que les gens ne fabriquent le langage. » Goethe

La plupart des Français utilisent entre 3 000 et 5 000 mots (10 % moins de 500). Mais dans la vie courante, nous n'utilisons qu'environ 500 mots (sachant que certains professeurs de langue étrangère affirment qu'avec 300 mots on peut se débrouiller dans la vie de tous les jours)… Pour relativiser, Racine a utilisé moins de 1 300 mots pour écrire Andromaque.

Il y a entre 60 000 et 100 000 mots dans les dictionnaires français contre 500 000 en anglais

(Oxford English Dictionary)

Selon les travaux d'Albert Mehrabian, 7 % de la communication est verbale (par la signification des mots), 38 % de la communication est vocale (intonation et son de la voix) et 55 % de la communication est visuelle (expressions du visage et du langage corporel).

Bob parle d'une façon très… particulière. Certes, au-delà des mots, et du mode de conjugaison, il y a son attitude, les expressions de son visage, bref, tout ce qui est non verbal, mais les mots ont leur importance, qu'on le veuille ou non.

Certes, quand Bob fait un compliment en tirant une tronche de six pieds de long, il y a comme une contradiction perçue par son interlocuteur ou son interlocutrice. L'attitude est fondamentale, mais il faut travailler à une cohérence globale. L'attitude doit aller avec les mots et l'ensemble doit aller avec le ton employé. Inconsciemment, le choix de tel ou tel mot ou expression dénote un état d'esprit, une posture et une façon de voir le monde et de pouvoir le changer… ou pas.

Avant d'entrer dans le détail du vocabulaire de Bob, j'aimerais vous donner un exemple. Selon vous, laquelle de ces deux phrases démontre le plus mon optimisme concernant le fait que vous allez lire ce livre jusqu'à sa dernière page ?

- ***J'espère que vous aimerez ce livre.***
- ***Je vous souhaite une excellente lecture.***

La première proposition exprime un souhait (que j'espère ne pas être vain…), la seconde exprime une certitude : vous allez lire ce livre, aucun doute possible et je suis (assez) optimiste sur le fait que vous l'aimerez. Dans les deux cas, votre perception et votre réaction seront différentes… alors qu'il ne s'agit que d'une formule de politesse. Vous avez compris le principe ?

Nous ne faisons pas véritablement attention à ces détails et c'est pour cela, incorrigible empêcheur de tourner en rond que je suis, que je vais détailler le vocabulaire de Bob.

- ***Bob ne dit pas « c'est beau », il dit « c'est pas vilain ».***
- ***Bob ne dit pas : « voyons comment nous pourrions faire », il dit « c'est impossible ».***
- ***Bob ne dit pas « je vais le faire », il dit « j'aimerais bien le***

faire ».

- ***Bob ne dit pas « c'est une leçon », il dit « c'est un échec ».***
- ***Bob ne dit pas « on va y arriver », il dit « ça va être compliqué ».***
- ***Bob ne dit pas « bravo », il dit « pas mal ».***
- ***Bob ne dit pas « c'est bon », il dit « c'est pas mauvais ».***
- ***Bob ne dit pas « je vais essayer », il dit « c'est impossible ».***
- ***Bob ne dit pas « j'ai passé un super week-end, je suis au top », il dit « comme un lundi ».***
- ***Bob ne dit pas « bonjour, comment vas-tu », il dit « groumph ».***
- ***Bob ne dit pas « comment puis-je y arriver », il dit « je ne sais pas faire ».***
- ***Bob ne dit pas « tu le mérites », il dit « tu as eu de la chance ».***
- ***Bob ne dit pas « la vie est pleine de surprises », il dit « la vie est dure ».***
- ***Bob ne dit pas « chaque jour est une chance », il dit « hier c'était mieux » .***

Je suis certain que vous avez déjà entendu, ou utilisé, certaines de ces phrases. Non ? Combien de fois dans ma vie professionnelle, avec ses nombreux rebondissements, ai-je entendu « oh la la, t'as vraiment du bol toi » au moment où l'une de mes nouvelles aventures commençait. Les gens qui disent cela ne voient en général que l'aboutissement et ne prennent jamais en considération la longueur du chemin parcouru, ainsi que sa difficulté, qu'il a fallu affronter pour arriver au bout. Derrière cette simple expression « tu as de la chance » se cache un second sens sous-entendant que l'on ne le mérite pas vraiment ou, tout du moins, que l'on n'y est pas pour grand-chose. Or, en ce qui me concerne, j'ai toujours trouvé cette expression « tu as de la chance » assez réductrice pour ne pas dire vexante, connaissant mon parcours. Changer notre vocabulaire, c'est non seulement changer notre point de vue, mais également la perception que les autres auront de nous. Et comme pour tout, paraître positif est toujours préférable à passer pour le rabat-joie de service !

Pour chaque situation, il y a toujours plusieurs points de vue. Pour simplifier : un optimiste et un pessimiste. Certains diront que le point de vue réaliste reste le meilleur. Vis-à-vis de soi-même, peut-être, mais vis-à-vis des autres, surtout en entreprise, essayer de voir les choses du bon côté ne veut pas dire tout peindre en rose, juste prendre en considération qu'au même titre que si le pire n'est pas inenvisageable… il en va de même pour le meilleur.

Le principe du « parler positif », qui mène au « penser positif », c'est de toujours se poser la question, au moment de dire, ou d'écrire quelque chose, s'il n'y a pas une tournure de phrase différente qui permettrait d'arriver à un résultat meilleur. L'exercice n'est pas simple au début, mais, vous verrez, avec de l'entraînement, c'est assez simple. Le tout est de le vouloir !!!

« Un pessimiste voit la difficulté dans chaque opportunité, un optimiste voit l'opportunité dans chaque difficulté. »

Winston Churchill

ALORS BOB ?

Alors cher Bob, positif ?

Ce sont des détails ces trucs.

Comme le disait ma grand-mère, le diable se cache dans les détails.

Ah ouais, tu cites ta grand-mère maintenant ? Nous voilà bien.

Le bon sens populaire, il n'y a rien de mieux Bob.

Mais ton truc, vu le temps que je passe à parler en réunion, ça va me demander un effort de dingue.

Parlons-en, tiens, de tes réunions.

Quoi ?

Tu parles trop pendant tes réunions !

TO DO DÈS DEMAIN

VOUS NE SAVEZ PAS PARLER POSITIF

- [x] Commencez par l'écrit, plus simple que l'oral.

- [x] Avant d'appuyer sur « envoi », qu'il s'agisse d'un e-mail ou d'un texto, et essayez de repérer les tournures négatives.

- [x] Si dans un e-mail, le mot « problème » apparaît, par exemple, remplacez-le par « question à régler » ou « solution à trouver ».

- [x] Quand vous ne trouverez plus une seule tournure négative dans vos écrits, attaquez-vous à votre façon de parler en faisant le même travail.

- [x] Vous êtes un guerrier ninja sous amphétamines ? Faites une liste des mots négatifs que vous utilisez le plus souvent. À chaque fois que vous en utilisez un, mettez 1 € dans un bocal. Chaque mois, versez cet argent à une association caritative... Tant qu'à être négatif(ve), autant que ça serve à quelqu'un !

VOUS ÊTES LE/LA CHAMPION(NE) DU VOCABULAIRE POSITIF

- ☑ Vous avez une mission : changer le monde ! Oui, rien que ça. De temps à autre, quand vous entendrez quelqu'un dire, par exemple « c'est pas mauvais », dites « tu veux dire que c'est bon ? ». Votre interlocuteur ne manquera pas de dire : « Hein ? Quoi ? »... Et là, vous lui expliquerez les vertus du « parler positif ».

- ☑ Ne faites pas cela à longueur de journée, ça pourrait lasser, mais de temps en temps, vous aurez le très agréable sentiment de participer au bien-être de vos proches !

BOB PARLE TROP… OU PAS ASSEZ

« Il vaut mieux se taire et passer pour un con plutôt que de parler et de ne laisser aucun doute sur le sujet. » Pierre Desproges

Un cadre français passe en moyenne 24 jours par an en réunion. (Wisembly/IFOP)

88 %

des cadres se sentent inutiles en réunion et ¾ d'entre eux font autre chose pendant les réunions. (Wisembly/IFOP)

Pendant les réunions, les cadres lisent/envoient des e-mails (51 %), travaillent sur d'autres dossiers (49 %), lisent/envoient des SMS (48 %). (IFOP)

D'autres font des dessins (37 %), jouent sur leur téléphone (10 %), vont sur les réseaux sociaux (8 %), organisent leurs week-ends/vacances (7 %) ou enfin, visitent des sites de rencontre (2 %). (IFOP)

1 cadre sur 3 admet s'être déjà endormi pendant une réunion. (IFOP)

Bob passe beaucoup de temps en réunion. Comme beaucoup de cadres en entreprise, c'est dans cet exercice qu'il se sent utile. « Si je suis en réunion, c'est que je suis important, que je participe vraiment à la stratégie de l'entreprise. » Bon, ce point est discutable, mais le sujet n'est pas là. Bob souffre d'une sorte de dédoublement pathologique face aux réunions, rien que ça. Quand il est en réunion avec son équipe, il ne fait que parler, quand il est en réunion avec ses pairs, il ne peut s'empêcher de l'ouvrir et quand il est en réunion avec ses boss, il ne dit pas un mot, de peur de dire une bêtise. Malheureusement pour lui, les trois situations sont mauvaises pour son image, sa crédibilité et, in fine, sa carrière.

Prenons les trois cas :

IL NE FAIT QUE PARLER

Le principe même d'une réunion en entreprise, c'est l'échange. S'il n'y en a pas, cela s'appelle un discours, et ce n'est pas vraiment le même exercice. Il m'est arrivé de participer à des réunions, au début de ma carrière, lorsque j'étais commercial, où le directeur des ventes nous réunissait chaque semaine, disait littéralement la messe des résultats de la semaine passée, donnait les objectifs pour celle à venir… et c'était tout. Aucun échange avec celui ou celle qui avait fait le meilleur résultat pour savoir comment les autres pourraient s'en inspirer et pas plus avec le ou la moins performante de la semaine pour comprendre la situation et éventuellement corriger le tir. Rien… un monologue qui aurait tout autant pu être remplacé par un compte rendu hebdomadaire sur papier (oui, je sais, je suis un dinosaure, mais à mon début de carrière, l'e-mail n'existait pas !).

Lui semblait heureux d'avoir son équipe autour de lui, buvant ses paroles, pensait-il. Dès que la réunion se finissait, avec les collègues, nous échangions nos idées pour savoir comment nous avions réussi à ne pas dormir pendant les 45 minutes que durait cet exposé… et c'était toutes les semaines ! En revanche, entre nous, nous faisions le travail qu'il était censé stimuler : développer de la solidarité et générer une saine émulation pour améliorer nos résultats. Finalement, notre conclusion était qu'il était bien gentil, mais ne servait pas à grand-chose.

IL NE PEUT S'EMPÊCHER DE L'OUVRIR

Ça, c'est le Bob qui pense que s'il ne dit rien, les autres, celles et ceux qui ont parlé, vont avoir plus de pouvoir ou paraître plus intelligents. Quel que soit le sujet, quand il n'y a aucun n+1, il ne peut pas s'empêcher d'avoir une opinion, aussi stupide soit-elle. Le pire, c'est que désormais, tout le monde attend l'intervention de Bob pour se moquer de lui dès que la réunion est finie. C'est un peu comme Pierre et le loup, sauf que là, le loup (une remarque intelligente), plus personne ne l'attend !

EN APARTÉ…

Lors de mes conférences, il m'est arrivé plusieurs fois d'être confronté à quelqu'un qui, dans la séance de questions/réponses, en lieu et place d'une question, fait sa propre miniconférence. Une fois, ce Bob en puissance est même monté sur la scène pour parler pendant 10 minutes d'un sujet qui n'avait absolument rien à voir avec la conférence… Étonnant. Parler n'a de sens que pour dire quelque chose de pertinent ! Comme le disait Platon : « Le sage parle parce qu'il a quelque chose à dire, l'idiot parle pour dire quelque chose. »

IL NE DIT RIEN

Quand Bob est en réunion avec sa hiérarchie, il est paralysé. Peur de dire une bêtise, peur d'être jugé, peur de jouer sa carrière en une phrase, peur de bafouiller et de passer pour un crétin ; toutes ces peurs qui font qu'au final, Bob aurait été remplacé par un pot de fleurs que son impact sur ce meeting n'aurait pas varié d'un millimètre. Avant d'accepter d'aller à une réunion, il faut se demander quelle en est l'utilité, mais également, pourquoi j'ai été invité(e) à cette réunion. Pour résumer, quelques raisons pour lesquelles vous devez refuser l'invitation à une réunion.

- ***Je pense que j'ai été invité(e) par erreur.***
- ***Cette réunion ne me concerne absolument pas.***
- ***Je pense que l'on m'a invité(e) pour me faire plaisir, mais personne n'attend rien de moi (attention... dans ce cas, si vous y allez, charge à vous de trouver un moyen de vous mettre en avant pour montrer que vous êtes utile).***
- ***Je n'ai absolument aucune opinion ou avis sur le sujet abordé dans la réunion.***

Cependant, si votre présence est requise et n'entre dans aucune des catégories ci-dessus, vous ne pouvez pas systématiquement vous taire. Si une réunion est organisée en lieu et place d'un e-mail d'information, c'est en général qu'une part d'interaction est attendue. Il est impératif de trouver le juste milieu entre un silence montrant clairement que vous n'apportez rien au débat et une logorrhée pouvant pousser la personne ayant organisé la réunion à ne plus jamais vous inviter. Comment ? Pour le savoir, il faut avant tout avoir en permanence en tête le champ de compétences pour lequel vous êtes reconnu(e). Intervenir en dehors de celui-ci peut être risqué, car assimilé à une simple opinion. Cependant, dans votre champ de compétence, vous êtes l'expert(e), et vous êtes rémunéré(e) pour avoir un avis sur tout ce qui touche à ce sujet.

Aucune entreprise ne paye ses salariés pour leur faire plaisir. Votre salaire, vous le devez à votre compétence. Il s'agit maintenant de l'assumer et de ne pas avoir peur de la mettre en avant. Dans ce cadre-là, vous n'avez aucun risque de dire une bêtise ou de paraître ridicule.

ALORS BOB ?

Tu vois Bob, va falloir changer un petit peu.

Moins parler ici, plus parler là… faut que je change tout en quelque sorte !

Ce n'est pas grand-chose à faire et, crois-moi, ça aura un effet certain.

Sur ?

Sur ta crédibilité Bob, ta crédibilité auprès de tes équipes, de tes collègues et de tes boss. Parfois, j'ai un peu le sentiment que tu n'écoutes pas grand-chose de ce que je te raconte.

En effet.

Ça a le mérite d'être clair.

Non, ce que je veux dire, c'est que ça a l'air intéressant ce que tu me racontes... mais je n'ai pas le temps de t'écouter.

Ah... le temps, nous y voilà. Il va falloir que tu te débrouilles pour en avoir.

Quoi ?

Tu te laisses déborder par ton travail, sans cesse, et, résultat, tu ne te projettes pas dans l'avenir.

Ça a l'air un peu saoulant ton truc là.

Pas du tout ! Rien qu'avec quelques changements concernant tes e-mails, tu vas gagner du temps.

Comment ?

Tu vas voir !

TO DO DÈS DEMAIN

VOUS PARLEZ TROP

- [x] Avant de parler, posez-vous cette simple question : que vais-je apporter au débat. Si vous n'avez pas de réponse claire à cette question... taisez-vous ! ☺

- [x] Si jamais parler est irrésistible pour vous et que la suggestion ci-dessus est trop difficile pour vous pour le moment, après avoir parlé, demandez-vous ce que vous avez apporté concrètement au débat. Dès que la réponse à cette question est « rien », vous êtes prêt(e) pour vous attaquer à la première ligne.

- [x] Vous êtes un guerrier ninja sous amphétamines ? Pendant la prochaine réunion, forcez-vous à ne rien dire, absolument rien (bon, si c'est vous l'organisateur de la réunion, forcément, ça ne marche pas, prenez-en une autre où vous n'êtes « que » participant) ! Après la réunion, faites le bilan pour savoir s'il manquait vraiment quelque chose à cette réunion.

VOUS NE PARLEZ JAMAIS

- ☑ Euuuuh… êtes-vous certain(e) d'être indispensable à cette réunion ?
- ☑ Si c'est par timidité, dites-vous bien que tout le monde autour de la table est dans le même cas. Parler en public, surtout en entreprise, pour exprimer une idée n'est pas simple. Avant d'aller en réunion, au lieu de vous dire que comme d'habitude vous ne direz rien, demandez-vous AVANT d'y aller quel serait le message que vous souhaiteriez faire passer, et préparez-le. Improviser lorsque l'on est timide est impossible. Simplifiez-vous la vie !
- ☑ Si vous pensez que ce que vous allez dire est stupide et que c'est pour cela que vous vous taisez, essayez donc la technique du « désamorçage ». Il s'agit de commencer sa phrase par « pardon, ce que je vais dire est peut-être stupide, mais ne pensez-vous pas que… ». Dans le meilleur des cas, ce que vous dites n'est pas stupide et vous passerez pour quelqu'un de modeste, dans le pire, ce que vous dites n'est pas génial, mais vous passerez pour quelqu'un de réaliste.

recettes express

JE NE SUIS PAS TRÈS DRÔLE… MAIS JE ME KIFFE !

Trois femmes , une blonde, une brune, une rousse, sont dans une pièce.. Laquelle des trois est la plus intelligente ? La rousse, forcément (Larousse)… Je me fais rire, c'est déjà ça.

Vos amis ne comprennent peut-être pas vos blagues… Changez d'amis !

« Depuis que j'ai appris à rire de moi-même, je ne m'ennuie plus jamais. » Georges Bernard Shaw

Si le monde n'était peuplé que de clowns, tout cela manquerait quelque peu de sérieux !

BOB FAIT DES E-MAILS LONGS COMME UN BRAS

« Pour bien communiquer, ne cherchez pas à faire de “belles phrases”, mais efforcez-vous d’écrire avec clarté et concision. »

Honoré de Balzac

1,4 milliard

d’e-mails sont envoyés chaque jour en France,

19 g

c’est la trace carbone d’un e-mail envoyé.

39 e-mails quotidiens par personne (hors spams), 5 h passées quotidiennement sur ordinateur + smartphone + 3 h 42 devant la télé = 8 h 42 par jour devant les écrans !

Bob ne sait pas être synthétique. Quand il fait un e-mail, le minimum, c’est trois ou quatre pages, et ce, quel que soit le sujet ! Le problème, c’est qu’à notre époque, le format généralement lu ressemble plus à un tweet ou un SMS qu’à *Guerre et Paix*. Le délai pour traiter un e-mail aujourd’hui, c’est moins d’une minute. Quand un collègue de Bob voit son nom s’afficher dans sa boîte de réception, le réflexe est généralement simple : aller à la fin de celui-ci pour voir ce que veut Bob, lecture en diagonale ou, dans le pire des cas… poubelle.

Bob est loin d'être un cas isolé : peur de ne pas être clair, peur d'oublier quelque chose, peur de ne pas être pris au sérieux, l'esprit de synthèse n'est pas véritablement son point fort.

Si vous êtes concerné(e) par ce sujet, la règle est assez simple : si votre e-mail prend plus de 15 secondes pour être lu, ne l'écrivez pas et passez un coup de fil, ou allez voir le destinataire de votre message. Cela sera beaucoup plus efficace et rapide pour lui… et pour vous.

LA BONNE STRUCTURE

▶ IMPORTANT : l'objet de votre e-mail doit être extrêmement clair et expliquer pourquoi il doit être lu. Il y a une grande différence entre :

Objet : Perspective et ambitions concernant la gamme Alpha X pour le marché américain

et

Objet : Prise de décision pour Alpha X aux États-Unis.

Dans le premier cas, le lecteur s'attend à un verbiage absolument pas opérationnel, dans le second, les choses vont avancer.

Suite à l'objet vient l'e-mail en lui-même…

▶ Commencer par bonjour. Eh oui ! je vois encore des e-mails qui ne comportent pas cette minuscule formule de politesse. Comme dans la vraie vie, dire « bonjour » ne prend pas beaucoup de temps, mais marque une forme de respect essentielle à toute vie en société.

▶ Une phrase pour exposer le problème/la question.

- Une phrase pour exposer l'étape suivante (décision à prendre, réponse à donner, etc.).
- Formule de politesse. Un « merci par avance » ou un « cordialement » n'a jamais tué personne. Et si ces formules ne sont généralement pas oubliées pour des e-mails à destination de l'externe, en interne, l'e-mail a tendance à devenir télégraphique et déshumanisé !
- Votre signature.

Les e-mails longs comme le bras sont perçus comme une contrainte et, surtout, ils desservent votre image en tant que professionnel(e). Gain de temps, amélioration de la compréhension de votre message, réduction du nombre d'e-mails, y a-t-il encore à hésiter ?

Pour les plus âgés d'entre nous, celles et ceux qui ont vu l'apparition massive des e-mails dans les années 2000, la difficulté consiste à faire évoluer le mode d'écriture des e-mails avec le mode de lecture. Au début des e-mails, ceux-ci se comptaient sur les doigts des deux mains chaque jour. Petit à petit, ce sont des dizaines d'e-mails par jour que nous recevons. La lecture en diagonale est devenue la règle.

En revanche... PAR PITIÉ, n'utilisez pas les abréviations issues de l'écriture de SMS dans vos e-mails professionnels. Je me suis toujours demandé ce que les gens qui écrivaient « pkoi » au lieu de « pourquoi », « tps » au lieu de « temps », « bjr » au lieu de « bonjour », « slt » au lieu de « salut », faisaient du précieux temps économisé à écrire cette abréviation.

Plaisanterie mise à part, encore une fois, il s'agit dans ce cas, comme dans celui de l'orthographe, d'une simple question de respect. Les plus jeunes d'entre vous vont immédiatement me classer dans la catégorie des vieux ringards un tantinet ronchons. Il ne s'agit pas ici d'être rabat-joie, mais tout simplement d'admettre que le principe du langage est qu'il est commun. Chaque génération a ses codes et c'est absolument formidable. Mais quand il s'agit de communication en entreprise, potentiellement, toutes les générations peuvent être impliquées... il est donc fondamental d'utiliser les plus petits dénominateurs communs en termes de communication, orthographe et grammaire.

Être synthétique ne signifie pas raccourcir les mots de façon plus ou moins originale. J'ai vu certains e-mails dans lesquels je ne comprenais pas une abréviation sur deux (je sais... dinosaure je suis). Je me demande si parfois, l'utilisation de celles-ci ne répond pas à une forme de prétention faisant clairement passer le message que l'expéditeur revendique pour son appartenance à une génération postérieure à la mienne. Sauf qu'une entreprise n'est pas vraiment une boîte de nuit ou un bar. Tout le monde doit parler le même langage. Cependant, le style télégraphique est tout à fait acceptable, si ce n'est recommandé. J'ai toujours préféré quelqu'un m'envoyant un e-mail qui ressemblait à ceci :

> ***Gaël,***
>
> ***Pour faire suite à notre réunion, voici les deux solutions que je propose :***
>
> ***Changement de la politique tarifaire.***
>
> ***Campagne publicitaire nationale au deuxième semestre.***
>
> ***À ta disposition pour en parler.***

… plutôt qu'un e-mail tel que celui :

Gaël,

Pour donner suite à notre réunion, j'ai réfléchi aux différentes options qui s'offraient à nous. Bien entendu, nous pouvons en envisager d'autres, mais au regard de ce qui s'est passé sur les 10 dernières années, il me semble préférable de nous focaliser sur celles-ci. Ma première idée, je l'ai eue en discutant avec Jack et Jennifer du service optimisation des process internes. Ces derniers ont une réflexion axée sur la performance et la rentabilité. Au début, je pensais que nous aurions pu modifier la couleur de nos produits, ou leurs noms, mais après quelques réunions, il s'avère qu'une évolution de notre politique tarifaire pourrait, je dis bien pourrait, au conditionnel, s'avérer efficace, etc.

Je vous fais grâce de la suite par égard pour vos yeux. Mais ce type d'e-mail qui expose en 5 pages une pensée qui pourrait tenir en deux phrases, j'en ai tellement lu. Et pour être honnête, j'en ai vraiment voulu aux expéditeurs de ces romans de m'avoir fait perdre tant de temps.

ALORS BOB ?

Tu as bien compris que je parlais de toi Bob ?

Euuuh, oui, ça me semble clair sur ce coup.

Synthétique maintenant, OK ?

Mais y a pas que moi.

Et ?

Répondre en deux phrases à un e-mail de dix pages, ce n'est pas correct.

Si c'est efficace, je ne vois pas vraiment le problème.

Tu ne vois pas le problème ?

Tu es payé pour être efficace ou tu es payé au mot ?

Pour être efficace.

Tu dois l'être.

J'ai peur d'oublier l'essentiel.

Question d'organisation, au final.

Tu sais, moi, je suis super organisé, j'arrive super tôt et je pars super tard.

Tu confonds tout Bob.

Pourquoi ?

Ce n'est pas parce que tu passes beaucoup de temps au bureau que tu es organisé.

Ah ouais ?

Oui.

TO DO DÈS DEMAIN

VOUS ENVOYEZ DES E-MAILS DE 10 PAGES

- [x] Imprimez vos deux ou trois derniers « romans » (e-mails de plus d'une page). Surlignez les mots qui vous semblent absolument essentiels. Remplacez les phrases contenant ces mots en « bullet points » . Toute phrase contenant plus d'un sujet, un verbe et un complément : supprimez-la.

- [x] Vous êtes un guerrier ninja sous amphétamines ? Lorsque vous écrivez un e-mail, donnez-vous une longueur maximale avant de commencer. Réduisez cette longueur de semaine en semaine jusqu'à arriver à 4 phrases maximum.

VOUS RECEVEZ DES E-MAILS DE 10 PAGES

- [x] Bon, dans ce cas, vous pouvez également avoir un comportement de ninja sous amphétamines si vous êtes manager : dites à votre équipe que tout e-mail de plus de 5 phrases ne sera pas lu. En théorie, certain(e)s vont vous dire : « mais comment on fait pour les sujets complexes ». Votre réponse est simple : pour tout ce qui ne tient pas en 5 phrases : parlons-nous ou voyons-nous. Souvent, les personnes faisant de très longs e-mails le font pour se couvrir et glissent entre deux phrases des informations que vous ne verrez pas, noyées qu'elles sont dans le verbiage, mais qui ressortiront au moment opportun.

☑ Plus l'e-mail reçu est long, plus votre réponse doit être courte, et éventuellement complétée par un coup de fil. « Bonjour, ton e-mail est tellement long que j'aimerais mieux que l'on en parle si tu n'y vois pas d'inconvénient. »

KIFFE TON JOB, BOB... OU PAS

BOB ARRIVE TÔT… ET PART TARD

« La vie n'est pas le travail : travailler sans cesse rend fou. »

Charles de Gaulle

Les Français travaillent 199 h de moins par an que les Allemands, 288 h de moins que les Anglais, et 130 h de moins que les Italiens et les Espagnols. (Coe-Rexecode)

Entre 1964 et 2000, le temps de travail annuel moyen en France a baissé de 470 heures (soit environ 60 journées) et est relativement stable depuis. (Insee)

L'Autriche et Malte sont les deux pays les plus généreux en jours de vacances et jours fériés : 38 par an. La France arrive en 6e position à égalité avec le Royaume-Uni (36 jours). L'Allemagne et l'Irlande sont à égalité, 30e, avec 29 jours. Grâce aux RTT, la France prend la première position avec 44 jours non travaillés par an, ce chiffre pouvant monter jusqu'à 68 dans une entreprise comme GRDF.

(source : avantage-entreprise.com)

Bob est l'archétype du salarié qui pense que plus il est présent à son travail, plus il sera crédible ! Ce qui était peut-être vrai au siècle dernier ne l'est clairement plus et, du fait de l'arrivée des générations Y et Z sur le marché du travail, générations qui représenteront 70 % de la population active en 2030, ce mouvement va s'accélérer, car pour ces jeunes, l'équilibre vie privée, vie professionnelle est central !

Bob arrive vers 8 h 45 et part souvent après 20 h 30. En dessous de 12 heures passées à son bureau, il a l'impression de ne pas bosser assez ! Il évalue la qualité de son travail au temps passé à son bureau. C'est ridicule, mais, malheureusement, dans la culture française, c'est un mal assez répandu ! Comment se fait-il que Bob travaille aussi tard alors que ses collègues anglais, suédois ou américains sont injoignables au téléphone à partir de 17 h ?

Notre culture est ainsi et Bob n'est pas un extraterrestre. Cependant, quand il pense qu'il peut organiser des réunions à 19 h 00 un vendredi, là, cela ne concerne plus uniquement lui ! Notre présence, ou non, impacte grandement celle de ses collègues, et à plus forte raison, celle de ses collaboratrices et collaborateurs.

Il y a une différence culturelle majeure entre la France et un grand nombre de pays. Par exemple, en Allemagne, partir du bureau à 17 heures est loin d'être une hérésie, mais contrairement à ce que l'on imagine, ce n'est pas parce qu'ils ont moins de congés payés qu'en France (5 à 6 semaines par an chez nos voisins allemands). Ce n'est pas lié non plus au temps de travail, supérieur en Allemagne, ni au nombre de jours fériés. En Angleterre, par exemple, ils en comptabilisent 28 par année contre 25 en France. Seuls nos voisins belges en ont moins, avec 20.

ALORS QUOI ? D'où nous vient cette sale habitude ? Quand un Anglo-Saxon qui part tard de son travail est considéré comme n'étant pas productif, il n'est pas rare que l'on demande à un collaborateur quittant le bureau à 18 h s'il a décidé de prendre son après-midi.

J'ai cherché, dans les livres d'histoire, les livres de management, de sociologie et que sais-je encore... rien, aucune explication crédible autre que notre culture.

Le pire, c'est que ce présentéisme coûte cher à l'économie française. En effet, le présentéisme, ce n'est pas que travailler longtemps, c'est également venir travailler quand on n'est pas en forme, pas assez malade pour rester au fond de son lit, mais clairement pas aussi performant que d'habitude. Selon Matthieu Poirot, chercheur et expert des risques psychosociaux, le présentéisme a coûté 14 milliards d'euros, soit deux fois plus que l'absentéisme (étude réalisée en 2012).

Pour résumer, le présentéisme est un comportement qui consiste à être au travail, mais à ne pas consacrer l'ensemble de son temps de travail à l'entreprise... à ce pour quoi vous êtes payé(e). Un exemple ? Les réseaux sociaux. En France, l'entreprise Olfeo a estimé lors d'une étude que chaque salarié passe en moyenne 50 minutes par jour sur les réseaux sociaux... 50 minutes qui ne servent ni les intérêts de l'entreprise, ni un meilleur équilibre entre la vie privée et la vie professionnelle. Imaginez que vous puissiez, chaque jour, rentrer 50 minutes plus tôt chez vous. Et je ne parle pas de nos pauses déjeuner supérieures en durée de 15 minutes aux Anglais, de 20 minutes aux Suédois, ou de nos interminables pauses-café ou cigarette.

Et pourtant... nous continuons à faire de même. D'après le sociologue Denis Monneuse, le présentéisme est un phénomène, car dans notre pays, la logique de l'honneur est plus présente que dans d'autres pays. Il faut prouver notre valeur et rester plus tard peut permettre de montrer qu'on a un poste plus important et, surtout, des responsabilités plus grandes. Travailler plus longtemps permet de prouver sa valeur. Chez les cadres, ce phénomène est encore plus clair.

Le nombre de cadres n'a cessé d'augmenter. Or, en France, cette notion de cadre est très centrale dans une carrière et, paradoxalement, comme il y a de plus en plus de cadres, se différencier par rapport à ses collègues devient de plus en plus compliqué, y compris par rapport à ses collègues employés ou ouvriers. La valeur perçue de ce statut n'est pas si incroyable que cela. Pour prouver l'importance de ce statut, le cadre pense, consciemment ou non, qu'il faut faire plus d'heures pour prouver sa valeur.

Ce n'est qu'une explication parmi tant d'autres. Certains pensent que ce sont les 35 heures qui ont impacté négativement le temps de travail de certaines catégories de personnels qui, du fait de la réduction du temps de travail de certains, et l'effet cumulé de la crise limitant les recrutements, font de plus en plus d'heures pour fournir un travail donné.

Mais la question du « pourquoi » n'a que peu d'importance finalement. Ce qui compte, c'est de trouver des moyens de valoriser son travail au-delà du temps passé à celui-ci !

EN APARTÉ...

Quand j'ai occupé des postes de management dans de grands groupes média, je déterminais clairement avec mon boss mes objectifs et précisais que, deux fois par semaine, je partirais à 18 h 00 (ce qui,

dans les médias, croyez-moi, n'est pas commun). La discussion était parfois un peu tendue, mais au final, j'arrivais toujours à faire valoir que l'important était que le travail soit délivré, que les équipes soient motivées... pas le temps que j'allais passer au bureau. Et tout se passait bien !

À mon sens, il faut être honnête avec soi-même. J'ai rencontré beaucoup de personnes se plaignant du trop grand nombre d'heures passées au travail, mais qui en tiraient une certaine fierté ; cela montrait à quel point elles étaient importantes et à quel point leur travail était indispensable pour l'entreprise.

Et c'est là que j'ai compris : notre société dans son ensemble valorise la vie professionnelle plus que la vie personnelle. En Suède, c'est le contraire. Partir à 19 h de son travail peut arriver, mais c'est exceptionnel ! La vie privée est fondamentale, pour ne pas dire centrale. Et si l'on regarde ce qui se passe en Allemagne, c'est dès l'enfance que l'équilibre se fait : à 13 h, l'école est finie, ce qui laisse tout le reste de l'après-midi pour se consacrer à des activités personnelles.

C'est tout notre « conditionnement » qui est à revoir : de quoi sommes-nous fier(ère)s au quotidien, dans nos vies ? D'avoir un chouette boulot ou d'avoir une vie privée riche et variée ? Je sais, nous passons plus de temps au travail qu'à profiter de notre vie personnelle. Et pourtant, si nous avions le choix, nous ferions l'inverse, non ?

L'enjeu est de prendre conscience que le travail, ce n'est pas toute notre vie ! J'ai été élevé par une génération pour qui il n'était pas rare de passer toute sa carrière dans la même entreprise. Aujourd'hui, en moyenne, un(e) Français(e) va en connaître 4,5 et, surtout, changer en moyenne 5 fois de métier sur sa carrière ! Personnellement, j'en suis à mon

17ᵉ… mais il semblerait que je sois une aberration statistique (joliment dit, n'est-ce pas ?).

Lorsque l'on passe toute sa carrière dans une même entreprise, je comprends que l'on puisse considérer cette dernière comme un élément central de sa vie, pour ne pas dire comme sa famille. Mais quand on sait que « l'histoire » ne va durer qu'un temps, inutile de considérer son entreprise ou son métier comme le centre de sa propre vie, au risque d'être déçu ! Depuis notre plus tendre enfance, la stabilité est essentielle à notre équilibre. Or, tout montre que notre vie professionnelle ne peut être stable.

Il ne tient qu'à nous, individuellement, de changer la mentalité française. Ça sera long, mais nous avons vraiment tout à y gagner. Une étude de l'Insee a montré qu'en France, le temps de travail réel (hors pause-café, cigarette, réseaux sociaux) était d'environ 6 heures par jour… imaginez : 30 heures par semaine !

INSPIRANT !

Manager ou managé, voilà un concept qui pourrait changer votre rapport au travail : le « Swedish Day »… Oui, le jour suédois. Non non, il ne s'agit pas de grignoter des Krisprolls en montant un meuble Ikea au bureau. Le principe du Swedish Day est très simple : si vous faites un point hebdomadaire avec votre équipe, au lieu de le faire le lundi à 9 h ou à 15 h, programmez-le à 13 h et déjeunez pendant cette réunion.

Résultat, toute l'équipe travaille une heure de plus sur l'heure qui était précédemment utilisée pour la réunion et encore une de plus à l'heure du déjeuner qui était « non travaillé » avant. Deux heures

de boulot de plus ! La récompense ? Ce jour de Swedish Day, le monde part à 16h30 !

ALORS BOB ?

C'est bon, Bob, tu vas rentrer tôt chez toi de temps en temps ?

OK, c'est convaincant ton truc, mais si je fais ça, toute mon équipe va faire pareil !

Et ?

Tu rigoles là ? Non, sérieux ! On les paye pas pour qu'ils prennent leurs après-midi quand même !

C'est vrai. Tu les payes pour être productifs !

Voilà... c'est ça : pro-duc-tifs !!!

Et tu savais que 10 à 25 % de la productivité d'un individu est liée à son bien-être psychologique ?

Et ?

Eh bien avec tes collaborateurs et collaboratrices épuisés, tu te prives de tout leur potentiel ! Laisse-les partir plus tôt et tu verras tes résultats augmenter.

Mouais.

Essaye, tu verras. Organise une réunion avec ton équipe pour parler de ça et, tu verras, tu seras surpris !

Et ensuite, je vais être tellement génial que je vais avoir une super augmentation !

Peut-être, oui.

Comment ça peut-être ?

Ce n'est pas automatique, Bob. Il faut savoir la demander, ton augmentation.

Simple : mon patron voit que je bosse bien et hop, il m'augmente. Logique quoi.

Pas aussi simple que cela Bob.

TO DO DÈS DEMAIN

VOUS TRAVAILLEZ TROP

- [x] Première question à se poser : pourquoi ?
- [x] Essayez de calculer votre temps de travail effectif quotidien (retirez les pauses cigarette, repas, Facebook et tutti quanti).
- [x] Faites le calcul de votre heure de départ potentielle si vous ne faisiez que travailler.
- [x] Réduisez un peu de votre temps passé au travail sans travailler, chaque jour et, une fois par semaine, partez à cette heure-là.
- [x] Vous êtes un guerrier ninja sous amphétamines ?

Supprimez tous les temps non travaillés et allez voir votre boss pour lui expliquer votre nouvelle façon de travailler... et que par conséquent, tous les jours, vous partirez désormais plus tôt.

VOUS SORTEZ DU TRAVAIL AU MOINS 2 FOIS PAR SEMAINE AVANT 18 H 00

- [x] Diffusez la bonne parole (sauf si en rentrant chez vous, vous faites 2 heures d'e-mails, ça, ça ne compte pas).

- [x] Si vous êtes manager, demandez à vos collaborateurs et collaboratrices de faire la même chose, quitte à réadapter les façons de travailler. Ce sujet est d'importance et mérite d'être évoqué avec l'ensemble de votre équipe.

- [x] Si vous êtes managé(e) et que votre boss n'a aucun problème avec ces horaires : Eh bien... vous êtes au paradis, ne changez rien !

- [x] Vous êtes managé(e) et votre boss vous regarde d'un sale œil dès que vous partez tôt : refaites un point avec elle ou lui pour lui expliquer comment vous gérez votre temps de travail. Si vous ne faites pas de pause alors que tous vos collègues en font 10 par jour, votre boss ne le sait pas forcément. Parler est essentiel !!!

BOB VEUT UNE AUGMENTATION

« Le monde récompense plus souvent les apparences du mérite que le mérite même. » François de La Rochefoucauld

4 %

des cadres et 6 % des non-cadres n'ont pas reçu d'augmentation en 2017.

(source : Deloitte)

6 %

des salariés ont reçu une augmentation supérieure à 10 %.

(source : Deloitte)

En 2017

la moyenne des augmentations de salaire était de 2,5 % pour les cadres et 2,1 % pour les non-cadres.

(source : Deloitte)

Bob pense qu'il est un très bon collaborateur. À ce titre, il adorerait que sa hiérarchie le reconnaisse. Selon une étude réalisée l'année dernière par le cabinet Robert Half, le manque de reconnaissance serait responsable à 46 % de la baisse d'implication et de motivation des salariés. La reconnaissance ne passe pas que par le salaire : dire « bravo » à une collaboratrice ou un collaborateur qui a bien travaillé, ça ne mange pas de pain et ça fait toujours plaisir, mais il est important tout de même. Le problème, c'est que Bob s'attend à ce qu'on lui donne une augmentation sans même la demander. Je suis bien d'accord que cela peut arriver de se faire augmenter sans rien demander (et là, je parle des augmentations « exceptionnelles », supérieures à 5 %), mais cela est plus simple en demandant.

Que ce soit pour un nouveau travail, ou dans l'entreprise dans laquelle on se trouve, il est toujours compliqué de négocier pour soi, non ? De fait, en France, parler argent est un tabou, et il est possible d'avoir l'impression de demander la charité quand on demande une augmentation. Et pourtant... ce n'est pas si compliqué. Voici 5 règles simples à appliquer en toutes circonstances :

AYEZ DE VRAIS ARGUMENTS

Dans l'absolu, gagner plus... c'est sympa. Cependant, vous m'accorderez que « ça serait sympa que tu m'augmentes »... c'est un peu court comme argument. La notion d'altruisme en entreprise – on peut le regretter, mais c'est un fait – n'est pas très présente quand on en vient à parler argent. Cela étant dit, inutile de désespérer. Ce n'est pas parce que ce n'est pas toujours simple que c'est impossible. Quand il s'agit d'obtenir une augmentation, il faut toujours argumenter sa demande avec :

- les grilles de salaires de votre métier, que vous trouverez facilement et gratuitement sur internet. S'il existe un décalage entre votre salaire et le salaire moyen de votre métier en France, votre demande est légitime, d'un point de vue purement statistique. La chose qui est très rassurante, c'est qu'en cas de refus de la part de votre boss, dans le pire des cas, si le salaire est votre première préoccupation, en changeant d'entreprise en faisant le même métier, vous gagnerez plus ;

- vos réalisations de l'année, si possible chiffrées, montrant que finalement, l'augmentation que vous demandez n'est rien par rapport à ce que vous faites gagner à l'entreprise, en temps, en argent ou en performance. Le salaire correspond à la valeur de votre travail. Si vous surperformez par rapport à ce qui était initialement prévu dans le cadre de votre recrutement, il est légitime de demander une augmentation.

VOTRE EMPLOYEUR A AUTANT BESOIN DE VOUS QUE VOUS DE LUI

Dans une négociation salariale, il ne faut pas se mettre en position de faiblesse. Dans le cadre d'un recrutement, ce n'est pas parce que vous demandez plus que votre potentiel futur employeur vous dira « non » de façon ferme et définitive ! Si sa première proposition ne vous convient pas... dites-le, faites une contre-proposition... et trouvez un compromis. Trouver un bon candidat, comme garder un bon collaborateur, ne sont pas des choses faciles... et les employeurs intelligents savent y mettre le prix. Si vous êtes sous-payé(e) par rapport au marché et que vous le dites à votre employeur, il n'est pas idiot, il sait qu'il court le risque de vous perdre.

RESTEZ CENTRÉ(E) SUR VOUS !

Rien de pire qu'une demande d'augmentation qui ne tient que sur un seul argument « ben... je dois être augmenté(e) parce que j'ai entendu qu'untel a été augmenté cette année. Je suis plus âgé(e), on doit me donner la même chose. » L'entreprise, dans l'absolu, ne vous doit rien ! C'est un échange de bons procédés : vos compétences contre son argent (je schématise un peu, mais c'est à peu de chose près cela). Vos compétences, ce n'est pas à vous de les mesurer par rapport à tel ou tel, mais bien à l'entreprise. Cependant, si vous vous référez au point 1, amenez des arguments pour faire comprendre à l'entreprise qu'elle a effectivement sous-évalué la valeur de vos compétences.

NE SOYEZ JAMAIS PÉREMPTOIRE !

Il s'agit d'une négociation, pas d'un affrontement. La première question que vous devez vous poser est la suivante : si je n'ai pas d'augmentation, suis-je prêt(e) à partir et, surtout, vais-je à coup sûr obtenir le salaire que je souhaite en changeant de boîte ? Avoir une réponse claire à cette question permet d'aborder le sujet de façon beaucoup plus sereine, car, au final, quel qu'en soit le résultat, vous en sortirez gagnant(e) ! Il n'y a aucune bonne négociation qui se passe dans l'affrontement. Il faut montrer votre motivation, votre engagement qui vont bien au-delà du simple salaire. Si votre employeur pense que votre implication ne tient qu'à votre salaire, cela met en avant un vrai problème. S'il ne s'agit que d'argent... vous êtes facilement remplaçable ! L'engagement personnel vis-à-vis de l'entreprise, les valeurs que vous partagez avec elle, l'envie de la voir grandir sont autant de qualités qu'aucun nouvel entrant ne pourra avoir au moment de son entretien d'embauche, comparé à vous.

Mais tous ces éléments, il n'appartient pas qu'à vous, et uniquement vous, de les évaluer. C'est également le rôle de votre boss. Et c'est en discutant qu'une évaluation commune peut être faite.

SOYEZ SOUPLE… ET FERME

Si vous avez suivi les 4 points précédents, en général, un compromis est toujours obtenu. Si votre employeur ne peut vous accorder tout de suite ce que vous demandez pour des raisons économiques, demandez-lui de s'engager sur un agenda précis. S'il vous dit « non », au même titre que vous lui avez donné des arguments concrets pour avoir cette augmentation, demandez-lui des raisons objectives pour refuser. Il faut avoir conscience que dans bien des cas, les augmentations demandées sont raisonnables, mais que, par principe, les employeurs sont durs par peur d'une dérive globale des salaires. Si vous avez donné un grand nombre d'arguments factuels, ce sont autant d'arguments que l'employeur pourra opposer à tout autre salarié, pas aussi bon que vous, qui souhaiterait avoir la même augmentation !

Un boss n'est pas par essence un gros radin qui ne veut pas le bien de ses collaborateurs. L'image du patron voyou me dérange profondément. Bien sûr qu'il existe des patrons voyous, je n'en doute pas. Cela étant dit, la majeure partie d'entre eux ne demandent qu'une seule chose : que tout se passe bien et que l'entreprise soit en bonne santé. Et cette bonne santé, si c'est grâce à vous, factuellement, qu'elle existe, il sera prêt à payer le prix de votre fidélité, il n'est pas maso !

OSEZ !!!

Souvent, nous n'obtenons pas ce que nous voulons juste parce que nous ne demandons pas… ou nous le demandons mal. Il faut garder en tête, à chaque instant, qu'en entreprise, il n'y a pas un fort et un faible ! Il y a l'entreprise qui fonctionne… grâce à vous… et vous, qui pouvez payer « ce que vous voulez »… grâce à l'entreprise qui rémunère votre travail ! Tout le monde peut être heureux au final si la communication est bonne !

ALORS BOB ?

Alors Bob, tu te lances ?

Ça serait plus simple si ma boss reconnaissait mon incroyable talent.

En toute modestie bien entendu.

Bien entendu.

Bob, si ta boss ne voit pas à quel point tu es bon, ça serait tout de même plus simple si tu lui expliquais. Elle n'a pas que toi à gérer.

Ouais, tu as raison. Mais si elle ne veut pas.

Cela peut arriver Bob.

Ça m'énerve ça. Sérieux, faudrait que je change de boîte si ça arrive.

Tu ne devrais pas attendre des mauvaises nouvelles pour gérer ta carrière Bob.

Quoi ?

Un proverbe arabe dit qu'il ne faut jamais hisser les voiles en plein milieu d'une tempête.

Ça veut dire quoi ?

Que ta carrière, tu dois la gérer avant tout quand tout se passe bien dans ton travail.

J'ai pas le temps pour ça.

Il va falloir que tu le prennes, je vais t'expliquer.

TO DO DÈS DEMAIN

VOUS DEMANDEZ UNE AUGMENTATION

- [x] Première question à se poser : méritez-vous cette augmentation ? Si la réponse est « oui », faites une liste très précise et la plus objective des « pourquoi ».

- [x] Documentez au maximum votre demande avant de prendre un rendez-vous en tête à tête avec votre boss. Une telle demande ne se fait pas par e-mail ni par téléphone. Restez zen… et lancez-vous !

- [x] Vous êtes un guerrier ninja sous amphétamines ? Allez voir votre boss, tapez du poing sur la table avant même de dire bonjour et dites d'une façon assurée « bon, je veux une augmentation de 30 % tout de suite sinon je révèle tout ce que je sais sur toi ». La probabilité que sur un malentendu vous tombiez juste est non nulle ! Bon… celle de finir en prison non plus, mais vous êtes un guerrier ninja ou un petit rat de l'Opéra ?

ON VOUS DEMANDE UNE AUGMENTATION

- [x] Pas de panique, vous n'êtes pas obligé de dire oui dès que quelqu'un demande. Cependant, vous êtes obligé(e) d'écouter la demande de façon bienveillante et attentive.

- [x] Si la demande vous semble peu documentée (grilles de salaires du marché par exemple), faites-en la remarque et documentez-vous. Reprenez un rendez-vous plus tard afin de lui donner votre décision.

- [x] Si la décision est positive, c'est assez simple. Cependant, n'oubliez surtout pas d'argumenter le pourquoi de ce « oui ». Non seulement c'est valorisant pour la personne, mais, par ailleurs, cela donne des éléments très concrets à votre collaborateur pour éventuellement argumenter face à un collègue jaloux.

BOB N'A PAS LE TEMPS DE S'OCCUPER DE SA CARRIÈRE

« Le temps de la réflexion est une économie de temps. »

Publius Syrus

12 %

C'est le temps passé au travail au cours d'une vie. Ce pourcentage s'élevait à 40 % au début du 20e siècle.

(source : Insee)

Entre 1950 et 2012

la durée annuelle du travail des salariés a baissé de 25 % en France.

(source : Insee)

Presque la moitié des salariés travaillent le samedi et un tiers le soir (de 20 h à minuit). Ils sont 29 % à travailler le dimanche et 16 % le font à domicile ou de nuit (15 % entre minuit et 5 h). (source : Insee)

Une étude révèle que le stress au travail peut raccourcir l'espérance de vie de.... 33 ans !

(source : Études Harvard et Stanford menées aux États-Unis)

Bob court après le temps, en permanence : « Vite, vite, vite, file-moi ce dossier, y a une urgence », « réponds à mon e-mail dans la minute », « remets-moi ton rapport dans 5 minutes », « laisse tomber ce que tu fais et viens me voir »... Vous les connaissez ces phrases, n'est-ce pas ? C'est stressant, hein ?

Et pourtant, dans la grande majorité des cas, savez-vous qui est responsable de cette situation de stress ? Non, pas le boss de Bob, c'est lui !!! Bob est comme beaucoup de salariés, il se laisse déborder par son travail et, comme dans toute situation où l'on n'a pas la maîtrise des choses, le stress pointe le bout de son nez.

La notion d'urgence depuis l'avènement du numérique est devenue assez extrême. Désormais, lorsqu'un e-mail est envoyé, une réponse est attendue dans l'heure dans le meilleur des cas, dans la minute dans le pire. Un grand nombre de collaborateurs et de collaboratrices font même du fait de répondre instantanément à un e-mail une preuve de leur implication et de leur professionnalisme. Bob, lui, répond jour et nuit à ses e-mails, quel que soit le moment. Selon une étude du cabinet Deloitte, nous sommes 41 % à checker nos e-mails pendant la nuit !

Quand Bob est en réunion… il répond, même si cela horripile ses collègues et réduit sa concentration. Le fantasme du « multitasking » (fait de pouvoir faire plusieurs choses de façon simultanée) est détruit par un grand nombre d'études montrant qu'agir ainsi, loin d'augmenter l'efficacité, ne fait que réduire la qualité du travail sur chaque tâche.

Mais au-delà de la qualité de son travail, Bob, débordé qu'il est par l'ensemble de ses tâches, ne prend pas une seule minute pour penser à lui, sa carrière, son image. Avoir du temps pour soi est absolument fondamental pour toute personne voulant progresser. Et pourtant, nous le savons toutes et tous, le temps est probablement la denrée la plus rare que nous ayons. Nous avons toujours le sentiment de courir après et, surtout, il nous sert assez souvent d'excuse pour ne pas faire ce que nous devrions ou voudrions faire mais n'osons pas, en utilisant l'expression consacrée : « J'adorerais le faire mais, malheureusement, je n'ai pas le temps. » Je déteste cette expression à un point que vous n'imaginez pas. Il n'y a pas très longtemps, un ami me disait : « Gaël, j'adorerai faire du théâtre mais je n'ai pas le temps. » Je lui ai répondu : « Non Gilles, ce n'est pas que tu n'as pas le temps, c'est que tu n'es pas assez motivé pour prendre ce temps. »

La gestion de notre temps est une question d'arbitrages, en permanence. Est-ce que je regarde la télévision le soir ou vais-je prendre des cours de théâtre une fois par semaine ? C'est un choix que nous faisons. Le temps n'a pas à nous contraindre, c'est à nous de le maîtriser !

Avoir du temps pour vous est essentiel et ce n'est vraiment pas si difficile que cela. Vous ne me croyez pas ? Plus de 20 ans que je travaille, et depuis plus de 15 ans maintenant, mon niveau de stress au travail est de... zéro ! En tout cas pour le genre de choses évoquées ci-dessus qui pourrissent la vie de tant de collaborateurs. Y a-t-il une recette ? Une formule magique ? OUI !!! Cela s'appelle apprendre à manager son boss et ses collègues. Voyons comment cela se passe.

NE SOYEZ JAMAIS EN RETARD

Le stress qui vous est mis pour faire une tâche n'a qu'une origine : la peur que la personne vous mettant la pression a, elle-même, d'être en retard. Ça ne vous est jamais arrivé à vous, afin d'être bien certain(e) de ne pas être à la bourre, de demander les infos dont vous avez besoin avec 24 heures d'avance par rapport à votre vrai délai parce que vous savez que la personne qui a l'information est souvent à la traîne ?

Le moyen d'éviter cela, c'est que vous ayez l'image de quelqu'un qui n'est jamais, jamais en retard. Cela prend du temps à se construire, mais quand c'est fait, c'est extraordinaire. Et quand je dis jamais, c'est véritablement jamais, que ce soit pour une réunion, un rendez-vous, un déjeuner : toujours ponctuel(le), c'est à ce « prix » qu'inconsciemment, vos collègues et votre boss sauront que quand il y a une deadline, vous la respectez.

BON À SAVOIR

Selon Alexandra Rivière-Lecart, psychologue clinicienne à Paris et membre de l'Association française de thérapie comportementale et cognitive, il y a des causes psychologiques qui peuvent pousser à être en retard. Entre autres, le manque d'affirmation de soi peut pousser les retardataires chroniques à adopter un comportement passif ; ils n'osent pas dire « non ». « Pour eux, refuser une invitation reviendrait à se couper des autres. Mais ils y vont à reculons et sont donc en retard. » Ce qui est vrai d'une invitation à déjeuner l'est également d'un dossier rébarbatif !

N'ayez aucun doute, moins vous serez en retard et plus vous aurez de latitude pour utiliser les « recettes » suivantes. Même Richard Branson, fondateur du groupe Virgin, applique cette règle depuis 50 ans. Ce qu'il dit ? « Vous voulez gagner en productivité ? Soyez plus ponctuel. »

FIXEZ LES DÉLAIS

Quand on vous demande de faire quelque chose, généralement, on ne fixe pas le délai en premier. Rares sont les personnes qui vont présenter les choses de la sorte :

– Dis, pour demain, tu pourrais me préparer le dossier Schmoldu ?

Pourquoi cela n'arrive que rarement ? Le choix du délai est une contrainte imposée et cette contrainte est censée être gérée par un compromis qui dans 99 % des cas se présente comme cela :

– Dis, tu pourrais me préparer le dossier Schmoldu ?

– Bien sûr, il te le faut pour quand ?

– Demain matin première heure, y a urgence.

Et là… c'est foutu ! Le délai vous est imposé par un faux compromis. Si vous le refusez, non seulement vous aurez mauvaise conscience, mais en plus, vous allez penser que votre boss va mal le prendre… résultat, vous répondez, pensant que vous passerez pour quelqu'un de serviable, d'efficace et de professionnel :

– OK, demain.

Malheureusement, cette contrainte que vous vous imposez ne vous fera pas passer pour autant pour un(e) grand(e) pro. Au mieux, vous passerez pour quelqu'un qui n'a pas grand-chose à faire et qui a le temps pour toutes les urgences, au pire, pour quelqu'un qui ne sait pas dire non.

La solution est toute simple, c'est à vous d'anticiper le délai et d'être à l'initiative de celui-ci, reprenons notre exemple :

– Dis, tu pourrais me préparer le dossier Schmoldu ?

– Bien sûr, ça te va si je te le prépare pour demain en fin d'après-midi ?

– Ça aurait été génial demain matin première heure, y a urgence.

– Demain en fin de matinée ? Si c'est important, je préférerais le peaufiner.

Je vous garantis, ça fonctionne. En entreprise, la problématique n'est pas la gestion de l'urgence, mais la gestion des plannings. La règle des 80/20 (dite du principe de Pareto) s'applique à ce sujet : 80 % des urgences n'en sont pas vraiment et peuvent être traitées dans un délai raisonnable, 20 % en sont. À l'intérieur de ces 20 %, 80 % auraient pu être anticipées et 20 % sont totalement inattendues...

Faites le compte : sur 100 soi-disant urgences, seulement 4 en sont vraiment ! Et contrairement à ce qui est ancré dans l'inconscient collectif, quelqu'un qui travaille vite ne travaille pas forcément bien. Une urgence « perçue » par l'un n'en est pas forcément une pour l'autre et, chose pas toujours facile, il faut apprendre à dire « non » !

En entreprise, ce n'est pas le mot « lent » qui est le contraire de « urgent » ou « rapide », c'est « organisé ».

Bien sûr, si vous imposez le délai, il est encore plus important de le respecter. C'est ainsi que plus personne ne vous mettra la pression sur les délais (cf. point 1) ! J'ai toujours préféré un collaborateur me donnant un délai d'une semaine et qui est ponctuel, à un collaborateur qui promet de livrer en 48 heures et finit à la bourre. En tant que manager, mon organisation ne peut dépendre des retards des uns et des autres.

FIXEZ LES RÈGLES

Il m'est arrivé d'avoir des boss qui, lorsqu'ils envoyaient des e-mails à 23 h, attendaient une réponse dans la foulée. Leurs collaborateurs étaient tétanisés, toujours le smartphone à la main. Tout le monde sait qu'un e-mail nocturne peut attendre le lendemain matin pour être traité... et pourtant qui n'a pas répondu pensant que c'était une preuve de professionnalisme ? Quand il y a une urgence dramatique à 23 h… on téléphone, on ne fait pas un e-mail. Le pire est que, bien souvent, les managers e-maileurs nocturnes disent à leur équipe :« Je ne vous force pas du tout à répondre, hein, pas de problème. » Mais le problème est que si ce manager est sincère, quand il envoie son e-mail à 4 ou 5 personnes… il y a toujours un(e) fayot(te) pour répondre illico, mettant dans l'embarras les autres membres de l'équipe !

Que faire quand on est confronté à ce genre de personne ? Fixer des règles : « Quand tu m'envoies des e-mails passé 21 heures, sauf exception, je répondrais le lendemain matin. On est bien d'accord que s'il y a une vraie urgence, tu m'appelleras ou tu m'enverras un SMS ? »

Ce qui agace l'« e-maileur compulsif nocturne », c'est de ne pas savoir quand il aura une réponse. Le pire pour ce genre de personne, c'est le collaborateur qui va lui répondre dans la minute pendant un mois puis, sans savoir pourquoi, le lendemain en milieu de matinée par la suite. Il est important que tous vos interlocuteurs connaissent votre mode de fonctionnement. Le monde de l'entreprise ne supporte pas l'inconstance.

Si vous-même envoyez des e-mails la nuit : ARRÊTEZ !!! Il existe une fonction « envoi différé » très efficace… mais ça, c'est un autre sujet !

En entreprise, il est rare que tout le monde précise son mode de fonctionnement et ce qu'il attend précisément de son équipe. De fait, le non-dit entraîne que nous imaginons ce que souhaite notre interlocuteur et allons souvent au-delà de ce qui le satisferait, notamment en termes de délais. Il est essentiel dans une équipe que chacun sache précisément quel est le mode de fonctionnement attendu.

EN APARTÉ…

Le jour où j'ai passé la barre des 500 e-mails reçus par jour, j'ai pris une décision toute simple : dire à mes équipes que je ne lirai plus les e-mails dont je suis en copie et non destinataire. Le syndrome du « CC » est totalement contre-productif et dilue l'information au lieu de la diffuser. Bref, si je dois être informé d'un sujet, mes collaborateurs doivent me mettre en destinataire ou m'appeler au téléphone. Résultat ? 50 % d'e-mails en moins et, à ma connaissance tout du moins, des équipes qui n'étaient pas traumatisées !

Ce qui est vrai des e-mails l'est de beaucoup d'autres choses sur lesquelles la non-communication crée des malentendus :

- ***Quand on dit qu'une réunion commence à 9 h, faut-il arriver à 9 h pile ou un peu avant pour commencer à 9 h pile ?***
- ***Prendre une pause, c'est possible ou notre boss considère que c'est une perte de temps ? (Eh oui… ce genre de sujet doit être partagé pour que personne ne juge personne.)***
- ***Le code vestimentaire, important ou pas ? (Vous n'imaginez pas le nombre de managers que j'ai pu entendre se plaindre, à tort ou à raison, de la façon de s'habiller de certains… sans rien oser leur dire.)***
- ***Si j'arrive plus tôt, j'ai le droit de partir plus tôt ? Cela semble une évidence, mais beaucoup d'entreprises sont bloquées sur des horaires totalement figés.***

Et donc… on en gagne comment du temps ? Eh bien, au même titre que sur un voilier, on ne hisse pas la grand-voile pendant la tempête, quand le stress agit telle une tempête dans notre cerveau, moins de concentration, moins de précision et... moins d'efficacité. Le stress, bien entendu, quand il est prolongé, agit sur le sommeil, et travailler crevé n'est pas vraiment l'assurance d'être efficace.

EN APARTÉ...

Il m'est très souvent arrivé de demander à des collaborateurs zélés qui voulaient me remettre un dossier sous 24 heures de le faire 5 jours plus tard. La rapidité n'est pas un gage de qualité et il est important pour un manager de savoir anticiper ses deadlines afin que le niveau de stress baisse et que l'efficacité augmente. Et en prenant plus de temps pour certaines tâches, vous en libérerez pour de nouvelles !

ALORS BOB ?

Tu as compris Bob ?

Yep, faut que je me détende.

C'est un raccourci rapide, mais il y a de cela effectivement.

Ça va pas être simple à expliquer à ma boss.

Je suis certain que si tu expliques que tout cela est dans le souci d'une plus grande qualité, elle comprendra.

Et comme ça, je vais pouvoir changer de taf si elle me saoule trop.

Encore un raccourci un tantinet violent mais bon, c'est ça.

Ah ! Tu vois.

Mais le temps que tu vas gagner, il va falloir que tu l'utilises à bon escient.

En faisant quoi ?

Tu es absent des réseaux sociaux, Bob, ce n'est pas possible de nos jours !

TO DO DÈS DEMAIN

VOUS ÊTES TOUJOURS EN RETARD

- [x] Avancez votre montre de 10 minutes et essayez de respecter ce nouvel horaire.

- [x] Réduisez le nombre de réunions hebdomadaires et bloquez, chaque jour, 2 phases de 1 heure consacrées à vous et votre équipe, et à rien d'autre. Aucune réunion. Si vous êtes débordé(e) par vos e-mails, traitez-les pendant ces phases.

- [x] Vous êtes un guerrier ninja sous amphétamines ? À chaque fois que vous êtes en retard, mettez 10 euros dans une cagnotte. À la fin de chaque année, faites don de cette cagnotte à une organisation caritative. Si vous êtes un retardataire « pathologique », autant que cela serve à quelqu'un !

VOUS N'AVEZ JAMAIS DE TEMPS POUR VOUS

- [x] Imposez-vous des plages de temps pour vous, et seulement vous. Mettez ces plages dans votre agenda. Cela peut être une heure deux fois par jour, ou mieux, deux demi-journées par semaine durant lesquelles vous n'avez pas de réunion.

- [x] Faites la liste de toutes les réunions récurrentes auxquelles vous participez et notez de 1 à 10 l'importance de votre présence, 1 étant une importance nulle, 10, une importance fondamentale (sans votre présence, pas de réunion). Toute réunion avec une note inférieure à 5, n'y allez plus et appliquez le point 1.

---

recettes express

JE NE SAIS PAS M'ORGANISER… MAIS JE ME KIFFE !

« Si la vue d'un bureau encombré évoque un esprit encombré, alors que penser d'un bureau vide ? »
Albert Einstein

L'univers a été créé suite au big-bang, qui semble plus être un énorme chaos qu'une partition de musique exécutée précisément… L'important, c'est le résultat final, pas la façon d'y arriver.

Si vous n'arrivez pas à faire un certain nombre de tâches dans un temps donné, plutôt que réfléchir à comment les réaliser différemment pour les faire dans le temps imparti, pourquoi ne pas prendre plus de temps ? Votre problème, ce sont peut-être les délais que vous vous imposez !

BOB N'EST PAS SUR LES RÉSEAUX SOCIAUX

« Vous pouvez tromper tout le monde une fois, quelques-uns souvent, mais vous ne pouvez tromper tout le monde tout le temps. »

Abraham Lincoln

91 %

des recruteurs sont sur les réseaux sociaux.

(source : RégionsJob)

9 recruteurs sur 10

regardent les profils sociaux d'un candidat avant de se positionner sur son embauche.

(source : RégionsJob)

7 recruteurs sur 10 disent avoir réussi leur recrutement grâce aux réseaux sociaux.

(source : RégionsJob)

64 %

des recruteurs disent utiliser a minima deux réseaux sociaux dans leur quête de talents en utilisant, par ordre de priorité, LinkedIn (94 %), Facebook (66 %), Twitter (52 %).

(source : RégionsJob)

Bob n'aime pas les réseaux sociaux. Il ne veut pas que sa vie privée soit étalée aux yeux de tout le monde. Et puis ce côté exploitation publicitaire de ses données personnelles, ça le dérange vraiment. Il a un compte Facebook sur lequel il poste ses passionnantes photos personnelles et partage sa passion pour les belles voitures. Il a également une page LinkedIn qu'il a mise à jour il y a 3 ans et avec une photo de profil sur laquelle on le voit sur une plage à la Grande Motte. Pour le reste, absence totale, ce qui est assez intéressant sachant qu'il encadre notamment le community manager de son entreprise, mais ça, c'est une autre question.

Vous avez remarqué, depuis quelques années, le lieu commun en toute chose est d'être digital ! Pour une entreprise, cela semble évident, si tant est que cela soit bien fait et pour atteindre un objectif stratégique bien précis. Avoir quantité de fans sur une page Facebook et faire un post tous les 10 jours ou faire un live Periscope fixe sur un produit n'a qu'un intérêt limité, mais passons. Là, je parle du digital à titre personnel. Faut-il vraiment, pour être crédible, en tant que professionnel, avoir une page Facebook, voire plusieurs, un Twitter, un LinkedIn, un Periscope, un Instagram, un Pinterest et un Snapchat ? Sans tous ces comptes, sommes-nous d'énormes ringards ? Et question subsidiaire, si nous y sommes, ne pas avoir 10 000 followers est-il dramatique ?

Rassurez-vous... la réponse est NON... 1000 fois non ! Première raison basique : si vous êtes « crédible » à titre personnel sur tous ces réseaux en ce moment, c'est qu'a priori, vous êtes rentier et avez le temps de les gérer. Bien entendu, si vous êtes community manager, mieux vaut avoir de grosses communautés sur les réseaux que vous souhaitez gérer, question de crédibilité professionnelle. Par contre, si vous êtes expert-comptable, il est peu probable que le nombre de followers que vous avez sur Instagram entre dans les critères de choix entre plusieurs candidats. À titre personnel, il m'est arrivé d'être choisi sur des très gros postes de Direction Générale parce que j'ai de grosses communautés sur les réseaux et que mes concurrents n'en avaient quasiment pas... mais c'était pour des entreprises digitales, cela fait sens.

Mais, pour tout le monde, quelques règles simples.

TON FACEBOOK PRIVÉ TU RENDRAS... PRIVÉ !

Votre boss a-t-il vraiment besoin de connaître tous les détails de l'anniversaire de votre petit dernier ? Non, cela semble évident ! Alors, allez immédiatement sur votre compte Facebook et changez-moi ces satanés paramètres de confidentialité. Par contre, si votre compte Facebook vous sert à animer une communauté, alors là, allez-y. Oui, j'ai deux comptes Facebook (5 pour être totalement honnête, mais... chuuuut, les autres, dont certains sur lesquels je suis une femme, sont faits pour échanger avec des inconnus dans le cadre de mon activité d'écrivain), l'un totalement privé et l'autre dont je me sers pour mes livres.

Il faut bien être conscient que si vous ne le faites pas, toutes ces informations se retrouvent dans Google et je suis franchement surpris qu'un grand nombre de personnes n'aient toujours pas fait cette bascule vers la confidentialité totale de leur compte Facebook.

TON RÉSEAU PROFESSIONNEL TU TRAVAILLERAS

Pour un individu « standard », professionnellement, c'est le seul outil numérique vraiment fondamental, LinkedIn ou

Viadeo selon que vous souhaitez toucher l'international et en fonction du niveau hiérarchique que vous visez. LinkedIn est plus « haut de gamme » que Viadeo, clairement. Mettez vos expériences à jour (avec des éléments concrets de réussite ou de concrétisation), mettez une photo vraiment pro (et en souriant s'il vous plaît... trop de profils ont une photo digne d'un psychopathe tout juste sorti de taule) et... partagez les contenus qui vous semblent être en phase avec l'image que vous voulez donner.

Suivez également les personnes qui travaillent dans les entreprises qui vous intéressent. Ces réseaux sont le meilleur moyen d'optimiser les recherches directes... qu'elles soient de votre initiative ou de celle d'un recruteur qui vous aura repéré(e).

Si vous cherchez un travail, un conseil très important : mettez à jour votre profil sur Cadremploi ! Cet outil est très utilisé par les recruteurs du fait de son moteur de recherche plus performant que les autres.

Un réseau social comme LinkedIn est très utile pour construire son image professionnelle : partagez les articles et informations qui vous semblent intéressants dans le cadre de vos compétences, likez les articles des personnes qui pourraient potentiellement vous recruter et, si vous vous en sentez l'envie : écrivez des articles. LinkedIn est un outil fantastique pour partager ses points de vue et, surtout, se créer les opportunités de rencontrer des personnes utiles pour vous faire évoluer dans votre carrière. Pas simple me direz-vous. Comme en toute chose, le plus dur est de commencer... après, ça va tout seul. Mes conseils pour faire un bon article ?

- Être concis(e) : les articles sur les réseaux sociaux ne sont pas des choses auxquelles nous consacrons 15 minutes pour en lire un. Au maximum, 2 à 3 minutes seront consacrées pour vous lire. Plus vous irez à l'essentiel, plus vous donnerez envie à vos lecteurs de vous suivre et de lire vos articles suivants.
- Trouvez un titre qui résume parfaitement l'article : dans le fil d'actualité de vos potentiels lecteurs et lectrices, c'est le titre qui apparaîtra en premier. Donnez envie de cliquer !
- Utilisez un vocabulaire simple : je vois parfois des articles qui nécessitent l'utilisation du dictionnaire pour les comprendre. Contrairement à ce que certains pensent, ce n'est pas parce que l'on utilise un vocabulaire rare que l'on est plus brillant.
- Faites des phrases courtes : les phrases courtes facilitent la compréhension. Plus les phrases seront courtes, plus vos lecteurs et lectrices auront envie de lire la suivante.
- Posez-vous cette question : en quoi mon article va-t-il faire avancer les choses. Si vous écrivez, c'est pour être lu(e)... et a priori pour faire passer un message, une idée, une opinion. Chaque opinion a un intérêt si elle est partagée ! Les réseaux sociaux sont également un lieu de débat et mettre en avant vos idées montre qui vous êtes.
- Faites une conclusion. Un article sur LinkedIn n'est pas un film français classique qui n'a pas de fin. C'est dans cette conclusion que le lecteur doit comprendre pourquoi vous l'avez écrit.
- Ayez une opinion. Ce qui intéresse un potentiel recruteur qui va lire vos articles, c'est de savoir ce que vous pensez, vos valeurs, votre éthique. Sans opinion tranchée, impossible de le savoir. Et ne pas avoir d'opinion n'est pas forcément signe de quelqu'un qui saura prendre une décision.

- *Postez à 7h du matin. Ça, c'est uniquement une question technologique : c'est le moment où il y a le plus de personnes qui sont sur LinkedIn, prennent le temps de lire… et de partager.*
- *Répondez aux commentaires. Pour créer de l'engagement de la part des personnes qui vous lisent, il faut leur envoyer un signe clair montrant que ce qu'ils pensent de votre article vous intéresse ou, a minima, que vous avez lu ce commentaire.*
- *Partagez votre article dans des groupes de discussion/blog pertinents. Plus vous serez vu(e), plus vous serez lu(e), c'est aussi simple que cela.*

Je dois rendre à César ce qui lui appartient. Sans LinkedIn, jamais je ne serais en train d'écrire ces lignes. Jamais je n'aurais fait autant de conférences, jamais je n'aurais rencontré autant de personnes formidables. Vous l'aurez compris : j'adore ce réseau et je pense qu'il y a 1000 façons de l'utiliser pour servir ses intérêts professionnels. Je vous ai donné les bases, à vous de faire la suite.

LES BONS RÉSEAUX TU CHOISIRAS

Pinterest, Periscope, Vine, Instagram, Snapchat… faut-il être sur tous ces réseaux ? J'aurai tendance à faire une réponse de Normand : ça dépend. Quelqu'un travaillant dans le marketing ou la communication doit y être a minima pour une raison : en maîtriser les bases. Les réseaux sociaux sont une base fondamentale pour les stratégies marketing/communication de nos jours. Quand je vois certains soi-disant pro de la comm, des RH, des PDG, des Coachs ne pas être présents, même sans avoir un grand nombre d'abonnés, cela me fait un sentiment étrange… comment benchmarker ses concurrents si on ne peut pas les suivre ? Comment suivre des tendances si on n'est pas curieux ?

Pour d'autres métiers, pour faire court, mis à part pour une utilisation personnelle, et confidentielle pour ses contenus, cela n'a aucun intérêt !

TWITTER TU SURVEILLERAS

Twitter est avant tout un formidable outil d'information, quel que soit son métier ! Ne pas y être, et ne pas suivre les « influenceurs » dans son domaine d'activité, c'est pour moi à la limite de la faute professionnelle. Par contre, il ne faut pas se tromper : l'objectif n'est pas d'avoir 5 000 followers, mais bien d'obtenir de l'information et, le cas échéant, d'en diffuser. Vous pouvez également faire cela avec un compte Twitter privé, mais il faut bien faire attention, car dans le cadre d'un recrutement, regarder un fil Twitter est facile... Twittez intelligent si vous twittez ou sinon, soyez anonyme. Pour vous en convaincre, regardez le nombre de carrières politiques qui ont été brisées à cause de tweets malheureux postés il y a des mois, voire des années par un candidat ou un jeune élu. Un recruteur motivé remontera dans votre fil Twitter. Je conseille souvent aux jeunes diplômés d'épurer leur fil Twitter de tous les posts faits en sortant de soirée quand ils avaient 18 ans. Il est aisé de comprendre qu'une photo de vous dansant à moitié nu sur une table à quatre heures du matin ne va pas vous aider à obtenir le job de vos rêves.

Un petit écueil tout simple à éviter : la course aux followers. Il est totalement contre-productif d'être abonné à 5 000 comptes et d'avoir 2 000 followers. Le message de ce type de compte est assez basique : « je follow n'importe qui en espérant qu'il me followera back ! ». Un recruteur qui va checker votre fil Twitter avant de vous recruter sera généralement lui-même un assidu de ce réseau social. Il en connaîtra les codes et les usages.

Enfin, il existe un certain nombre de métiers pour lesquels ne pas être sur ce réseau de façon crédible pourrait être rédhibitoire : communication, marketing, journaliste, web. Ce réseau est une source centrale d'information. Ne pas y être envoie un message assez négatif si, dans votre mission, vous êtes censé(e) faire de la veille. Dans ma carrière, j'ai même, lors d'un recrutement, rencontré un jeune diplômé voulant devenir community manager qui n'était pas sur twitter... Comment vous dire... C'est un petit peu comme un boucher qui serait végétarien. Bien sûr, c'est possible, mais cela n'inspire pas vraiment confiance.

TON IMAGE TU CHÉRIRAS

Quel que soit le réseau social, vous êtes identifié(e) par une photo... S'il vous plaît, surtout sur LinkedIn ou Viadeo, choisissez-en une qui vous mette en valeur, et pas une photo de vacances découpée à la va-vite, une photo prise avec la webcam de votre ordinateur ou une photo qui irait mieux comme illustration de la page faits-divers que sur un CV. Si vous n'en avez pas, trouvez un bon camarade qui vous prendra en photo en rafale et il y en aura forcément une qui sera top. Dites-vous que si l'on tape votre nom sur Google Images, ce sont ces photos qui vont ressortir, il est donc essentiel de bien les choisir ! La meilleure façon pour choisir la bonne photo est de demander à un collègue de travail. Il est très rare que l'on se perçoive en photo tel(le) que les autres le font ; pour être honnête, mon expérience m'a montré que nous avons tendance à choisir des photos nous mettant peu en valeur. Fausse modestie ou authentiques complexes, la solution est de laisser quelqu'un d'autre de son environnement professionnel choisir.

Avoir sa propre stratégie digitale est important pour tous, a minima pour les réseaux sociaux professionnels. Ensuite, si vous pensez avoir des choses à exprimer en rapport avec vos métiers, faites-le, n'hésitez pas. Certes, les réseaux sociaux sont faits pour aller chercher de l'information et rencontrer des personnes, a minima virtuellement, mais c'est également fait pour s'exprimer, comme le fait votre serviteur de façon régulière.

ALORS BOB ?

C'est bon Bob, tu te lances ?

Encore un truc de plus à faire !

Ça ne prend que peu de temps si tu t'y prends bien.

Et en plus il va falloir que je ponde des articles... pfffffff.

Non Bob, mais a minima, ta fiche LinkedIn, mets-la à jour. C'est fini le temps du CV papier.

Plus de papier ?

De moins en moins. Si tu veux évoluer, pas le choix.

Et ensuite, tu vas me dire que pour recruter, y a plus d'entretien ?

Non, je ne vais pas te dire ça, mais par contre, il va falloir que tu apprennes à te vendre.

Comment ?

On va commencer par ton CV.

TO DO DÈS DEMAIN

VOUS N'ÊTES PAS SUR LES RÉSEAUX

- [x] Inscrivez-vous immédiatement sur LinkedIn ou Viadeo. Plus le temps passera, plus il sera rédhibitoire pour un recruteur de ne pas y être.

- [x] Une fois incrit(e), allez voir un grand nombre de profils pour vous inspirer. Pas de grandes originalités sur ces réseaux, ne vous inquiétez pas : du factuel.

- [x] Vous êtes un guerrier ninja sous amphétamines ? Inscrivez-vous sur Twitter, LinkedIn, Facebook, Instagram, Pinterest et Snapchat, et devenez une star du web. OK, pas simple à réaliser du jour au lendemain, mais après tout, comme le dit Lao Tseu, un voyage de 1000 lieues commence par un premier pas !

VOUS ÊTES SUR TOUS LES RÉSEAUX

- [x] Faites le ménage ou rendez « privé » tout contenu qui serait potentiellement visible par un recruteur et qui n'est pas pertinent dans le cadre d'un recrutement : photos de vacances, de fêtes, opinions politiques, etc.

- [x] Concentrez-vous sur les deux réseaux les plus visibles par vos potentiels recruteurs et faites-leur savoir que vous vous intéressez à eux (commentaires, partages, likes).

- [x] Prenez contact directement avec les recruteurs qui vous intéressent si vous êtes en recherche active.

BOB FAIT SON CV

« Mes performances ont finalement rattrapé mon ego. »

Ato Boldton

Selon une étude datant de 2013, 75 % des CV seraient « trompeurs » (intitulé flou, diplôme inventé, exagération sur les postes occupés précédemment, durée des contrats étirée ou encore compétences linguistiques exagérées).

(source : Institut Florian Mantione)

26 %

des candidats mentiraient sur leur diplôme.

(source : Verifdiploma)

55 %

des candidats exagèrent leurs responsabilités sur un poste antérieur.

(source : BackgroundChecks.org)

18 %

des candidats s'inventent des récompenses.

(BackgroundChecks.org)

Bob a envie de voir ce qu'il vaut sur le marché du travail et, pourquoi pas, de changer de job. Il faut toujours être à l'écoute du marché, ça ne coûte rien et, dans le pire des cas, même si l'on reste dans son poste actuel, passer des entretiens de temps en temps est bon pour l'ego et permet de se conforter sur la qualité de sa situation.

En revanche, Bob confond CV et roman d'un mythomane. Bon, il n'en est pas au niveau de cet ex-directeur de l'aéroport de Limoges qui a été condamné en septembre 2012 à un an de prison ferme pour avoir, notamment, produit un faux diplôme d'aéronautique.

ATTENTION AU SYNDROME DE PINOCCHIO

Eh oui, mentir sur un diplôme peut coûter son boulot, ce qui semble logique; non pas pour la compétence, car nous le savons toutes et tous, plus nous avançons dans notre carrière plus l'expérience que nous acquérons prend le pas sur les connaissances apprises sur les bancs de l'école. Mentir sur un diplôme montre un état d'esprit assez peu compatible avec une entreprise qui veut fonctionner en toute transparence (quand c'est le cas bien entendu).

Bob est aussi tenté par d'autres petits mensonges en apparence innocents:

- Le poste qu'il n'a occupé que pendant 6 mois se transforme en une expérience de deux années.
- L'équipe de deux personnes dont un stagiaire neurasthénique se transforme en une formidable expérience de management d'une équipe de 10 personnes expérimentées.
- L'anglais qu'il ne parle que très moyennement se transforme en anglais courant.
- Le jogging qu'il ne pratique qu'une fois par an quand il trouve qu'il a pris un peu de poids avant de partir au soleil se transforme en une passion débordante et une activité quotidienne. Bob a hésité à écrire qu'il était triathlète, mais c'était juste.

- Bob met une photo qui date d'il y a dix ans sur son CV.
- Bob met sur son CV l'adresse postale d'un de ses amis qui habite dans un quartier hyper chic, car lui habite dans un très chouette quartier, mais pas assez sérieux, pense-t-il.

Tout autant de petits mensonges qui sont dangereux à plusieurs égards. Dans la vraie vie, quand on vous a menti sur la marchandise, quelle est votre réaction ? Entre déception et énervement, mais cela se passe généralement mal. Il en va de même en entreprise, et de plus mentir sur son CV est devenu de plus en plus dangereux grâce aux réseaux sociaux, mais surtout grâce à un nombre grandissant de services permettant de vérifier les CV des candidats.

Mentir sur son CV, c'est présenter une personne que l'on n'est pas. Par exemple, cela fait plus de 20 ans que je ne mets pas de cravate et que ma chemise est en dehors de mon pantalon. Même pour des entretiens d'embauche, je me présentais comme cela. Un DRH qui m'a recruté à l'époque (spéciale salutation Michel) m'en a même fait la remarque quelques mois après... que mon look l'avait surpris. Mais au moment de notre rencontre, non seulement il a vu « le vrai moi », mais dès mon premier jour de travail, j'ai pu être « le vrai moi », sans avoir à jouer un rôle. Rien de pire que de devoir se composer un personnage.

OK... ne pas mentir sur un CV, cela ne veut pas dire qu'il ne faut pas savoir se mettre en valeur. Ça, c'est assez simple et c'est absolument fondamental !

Selon une étude américaine (The Ladders), le temps moyen passé par un recruteur à lire un CV est de... 6 secondes ! Cette étude a permis, grâce à une technologie d'eye-tracking permettant de voir ce que les yeux regardent, de déterminer les zones fondamentales d'un CV. Il en ressort qu'un recruteur va en priorité regarder : le nom, le dernier poste occupé, le nom de l'employeur et la durée des missions. Il ne regarde que ce qu'il considère essentiel : la dernière expérience et le niveau de diplôme. Heureusement, chaque recruteur ne procède pas de la même manière, mais, pour avoir, au cours de ma carrière, lu un grand, très grand nombre de CV et recruté beaucoup de personnes, j'ai fini par déterminer quelques règles incontournables.

PHOTO OU PAS PHOTO ?

Je n'ai objectivement jamais compris ce débat. Si quelqu'un ne vous sélectionne pas sur la simple base d'une photo, c'est qu'il ne mérite pas de vous avoir, mais, surtout, avez-vous vraiment envie de travailler pour quelqu'un qui agirait ainsi ? Bref : mettez une photo professionnelle (évitez les photos de vacances. ☺

SOYEZ CONCRET(ÈTE)

Rien de pire qu'un CV avec lequel on ne sait pas véritablement ce qu'a fait le/la candidat(e). Vous êtes commercial(e) ? Mettez vos résultats, la croissance de votre chiffre d'affaires. Chef de projets : décrivez l'impact de vos projets, les résultats. Quel que soit votre métier, il est fondamental que votre futur employeur sache en quoi vous avez impacté vos entreprises précédentes. Si vous êtes étudiant et que vous n'avez pas fait grand-chose avant de faire votre premier CV, il y a une grande différence entre écrire « j'ai organisé des soirées étudiantes » et écrire

« organisateur de 10 soirées étudiantes, Chiffre d'Affaires 10 000 €, bénéficiaire ».

SOYEZ CONCIS(E)

Oubliez les grandes phrases. Comme je l'écrivais plus haut, le temps moyen passé sur un CV en phase de sélection est de 6 secondes, pas le temps de lire *Guerre et Paix* ! Détaillez plus précisément votre dernière expérience, c'est celle qui intéresse le plus votre recruteur. Si vous avez fait un stage de vente dans la boutique de votre père il y a 20 ans, inutile de faire 10 paragraphes sur le sujet... et il faut peut-être même ne pas le mentionner sauf si vous pensez que cela a un intérêt par rapport au poste que vous recherchez.

SOIGNEZ LA MISE EN PAGE

En un regard, le recruteur doit pouvoir identifier les grandes parties de votre CV (expérience, formation, langues parlées, compétences spécifiques, activités extra-professionnelles) et à l'intérieur de chacune de ces parties, les informations essentielles doivent être mises en avant afin de favoriser une lecture en diagonale. Rien de pire qu'un CV écrit en Arial corps 6 sans aucune mise en forme. Pas besoin de vous lancer dans de la création graphique si ce n'est pas votre métier. Le tout est de rester le plus lisible possible.

ADAPTEZ VOTRE CV

Alors contrairement à ce que disent certains, je ne pense pas qu'il faille faire un CV par candidature, car sinon... l'enfer est proche ! Par contre, si juste en dessous de vos nom et adresse vous commencez votre CV avec une rubrique « expertises » par exemple, il sera important de classer celles-ci dans un ordre spécifique en fonction de l'annonce à laquelle vous répondez. Chaque recruteur met toujours un ordre d'importance dans les expertises attendues, sur les annonces : respectez-les.

FAITES UN CV QUI VOUS RESSEMBLE

Quand vous lisez et regardez votre CV et que vous êtes le recruteur, vous embaucheriez-vous ? Tant que la réponse n'est pas « oui », c'est que ce CV ne vous ressemble pas. Mise en page, termes utilisés, expertises mises en avant... tout compte. Si vous considérez que l'une de vos grandes spécificités est d'avoir un très bon contact avec les gens, mettez-le dans la catégorie « expertises ». Les *soft skills* prennent de plus en plus d'importance.

UNE PAGE OU PLUSIEURS ?

Vaste débat que celui-là. Il n'y a qu'une seule réponse cependant : tout dépend. Par exemple, mon CV fait deux pages, car au bout de 25 ans d'expérience, quels que soient mes éventuels talents en termes de résumé, il m'est impossible de tout mettre sur une seule page. Par contre, si vous avez 2 ans d'expérience, faire plus d'une page pourrait passer pour un tantinet prétentieux. N'oubliez pas : 6 secondes de lecture pour un CV.

Pas de panique, le CV parfait n'existe pas. Si vous êtes sincère dans ce document tellement formel, cela se verra !

ALORS BOB ?

C'est compris Bob ?

C'est relou surtout !

Quoi donc ?

Ben faut que je refasse tout mon CV avec tes trucs, là.

Pas tout, non !

Ah ?

Tu n'as pas menti sur ton nom ?

Ben... non, bien sûr !

Eh bien tu vois, tu n'as pas tout à changer ! Maintenant, il va falloir que tu te poses les bonnes questions.

Comme quoi ?

Eh bien, par exemple, faut-il que tu changes de travail ?

J'en sais rien moi.

C'est bien pour ça que j'ai écrit un chapitre à ce sujet mon cher Bob !

TO DO DÈS DEMAIN

VOUS N'AVEZ PAS REFAIT VOTRE CV DEPUIS 10 ANS

- ☑ VRAIMENT ???? Bon, eh bien vous allez vous y mettre tout de suite ! Avoir un CV à jour ne veut pas forcément dire que vous voulez changer de job tout de suite, mais au moins, vous êtes prêt(e) pour toute opportunité.

- ☑ Posez-vous une simple question : pourquoi votre CV n'est-il pas à jour ?

1. Par flemme.
2. Aucune envie de changer de job pour les 20 années qui viennent.
Dans les deux cas, reprenez le point 1.

- [x] Vous êtes un guerrier ninja sous amphétamines ? N'ouvrez pas votre CV écrit il y a 10 ans, repartez de zéro et dites-vous que vous voulez vous recruter : faites le CV qui vous ferait rêver et envoyez-le à 10 chasseurs de têtes !

VOTRE CV EST À JOUR

- [x] Nous avons trop souvent tendance à ne pas relire notre CV de la première à la dernière ligne : faites-le et posez-vous trois questions :
1. Vous met-il suffisamment en valeur ?
2. Donne-t-il envie de vous recruter ?
2. Est-il assez clair sur ce pour quoi vous êtes spécifique ?

- [x] Supprimez tous les mots inutiles : allez à l'essentiel.

- [x] Faites lire votre CV à un(e) ancien(ne) collègue et demandez ce qu'il/elle en pense. Un regard extérieur est fondamental sur ce genre de sujet.

MA CARRIÈRE PIÉTINE… MAIS JE ME KIFFE !

Je connais quelqu'un qui disait que si l'on a pas de Rolex à 50 ans, on a raté sa vie. Au moment où j'écris ces lignes, cette personne est en garde à vue… Il faut, je pense, relativiser le concept de réussite.

Il n'est jamais trop tard pour « bien » faire… On commence quand ?

La vie, la vraie, elle commence quand on sort du boulot, non ?

Seriez-vous vraiment plus heureux(se) avec plus de responsabilités, plus de travail et pas forcément plus de reconnaissance ?

Mis à part payer les factures, c'est si fondamental que cela, un travail ? Êtes-vous nombreux, parmi ceux qui lisent ces lignes, qui ne changeraient rien à votre vie pro si vous remportiez un beau paquet d'euros à la Roue de la fortune ?

BOB DOIT-IL CHANGER DE JOB ?

« Un changement en prépare un autre. »

Nicolas Machiavel

En un an, un salarié sur 6 change de travail. (Insee)

48 %

des Français souhaitent changer d'orientation professionnelle.

(OpinionWay-Afpa)

94 %

des Français pensent qu'une reconversion est difficile, voire très difficile pour 46 % d'entre eux.

(OpinionWay-Afpa)

Avant de déprimer à propos de son quotidien, il faut d'abord être certain que le souci, c'est le boulot… et pas soi-même. Bob râle souvent sur son quotidien ; tous les jours, pour être honnête : trop de pression, pas assez de reconnaissance, le parfait combo du collaborateur démotivé. Comme beaucoup d'entre nous, si Bob gagnait 50 millions à l'Euromillions, il changerait probablement d'orientation professionnelle, mais cela, il se refuse à l'admettre.

Quand Bob se demande s'il ne faudrait pas qu'il aille voir ailleurs pour booster sa carrière, il faudrait d'abord qu'il se pose les bonnes questions. Lui est assez basique lorsqu'il évalue sa situation. OK, la reconnaissance est un concept relativement subjectif, mais un salaire en dessous de sa valeur (estime-t-il), trop de stress à son goût, environnement peu agréable en général, conditions de travail moins sympa que celles de ses amis... enfin le croit-il. Il faut dire que l'entourage amical de Bob est un peu « particulier ». Tous se vantent d'avoir le meilleur job de la planète. Pas facile d'avouer à ses amis que son travail nous lasse. La reconnaissance sociale au travers de son travail est loin d'être faible, d'où la difficulté pour Bob de se forger une opinion. Mais, au fond de lui, il espère valoir mieux que ce qu'il fait aujourd'hui. Son travail au quotidien n'est pas insupportable, il se dit juste qu'il pense pouvoir mieux faire. J'en profite pour préciser à ce stade qu'il ne faut se fier qu'à sa propre opinion quand il s'agit d'évaluer sa qualité de vie professionnelle. Au même titre qu'il n'est pas facile d'avouer que notre job nous lasse, les autres font de même. Quand son pote Jack dit à Bob : « Tu sais, Bob, mon boulot, c'est le paradis sur terre : top salaire, management trop cool, 9 semaines de congés payés »... il le dit surtout pour se rassurer et oublier qu'il a été « placardisé » il y a 6 mois.

Ce qui est intéressant en matière de changement de travail, c'est que, généralement, ce n'est qu'un pansement sur une jambe de bois. Vous ne me croyez pas ? Selon une étude Mercuri Urval, 20 % des personnes ayant pris un nouveau travail dans une nouvelle entreprise veulent en changer au bout de.... 24 heures. L'herbe n'est pas forcément plus verte dans le champ d'à côté et nous avons beau le savoir, dans beaucoup de domaines, nous sommes convaincus du contraire ! Il faut croire qu'il est dans la nature humaine de penser que l'on peut toujours avoir mieux que ce que l'on a. C'est parfois vrai dans nos vies professionnelles comme nos vies personnelles d'ailleurs. Mais ce qui est compliqué, c'est de faire de ce sentiment diffus une certitude. Je ne sais pas vous, mais il m'est arrivé, dans ma vie personnelle, de mettre un terme à une histoire. Eh bien, vous savez quoi, sur le moment, c'est toujours l'autre que je blâmais, alors qu'avec le recul, les torts sont clairement beaucoup plus partagés que je ne le pensais à l'époque. Il en va de même dans nos boulots.

Trop tôt pour changer ? Trop tard ? Inutile ? Compliqué de véritablement choisir le bon moment, surtout en ces temps de crise où repartir dans une phase instable (période d'essai, refaire sa place dans une nouvelle entreprise, etc.) n'est pas un choix aisé. Cependant, vous pouvez vous fier à quelques indices qui peuvent vous aider à prendre la décision de vous mettre en écoute du marché comme on dit ! Au-delà des intérêts en termes de carrière, il y a avant tout : VOUS !

C'est essentiellement de ce point que nous allons parler ici. Ci-dessous, quelques indices pouvant vous décider à vous mettre en mouvement si jamais vous vous reconnaissez dans ceux-ci.

VOUS SNOOZEZ 5 FOIS AVANT DE VOUS LEVER

64 % des Français snoozent (quand le téléphone sonne, il s'agit de la fonction qui donne 10 minutes de rab au moment du réveil !). Ne pas avoir hâte de se lever, ce n'est pas que le signe que vous être totalement « in love » avec votre lit, mais également que ce qui vient après le réveil ne vous fait pas (plus) vibrer. Franchement, s'il s'agissait de partir en voyage vers une destination paradisiaque, vous snoozeriez autant ? Non, bien entendu. Quand la motivation de sortir de son lit est là… on

en sort, vite ! Le fait de ne pas vouloir mettre un pied sur le sol n'est pas le signe d'une motivation débordante et cela n'est pas aussi insignifiant que les « snoozeurs » le disent. Grignoter quelques minutes sur le temps que l'entreprise nous prend en snoozant, parfois, quel bonheur. Tous les matins, c'est autre chose ! Bob, lui, a arrêté de snoozer depuis longtemps. Au réveil, il va faire un petit footing histoire de se mettre en jambe pour la journée (eh oui, Bob a retenu quelques leçons de *Mon boss est nul, mais je le soigne*).

☞ AU TRAVAIL, VOUS CHECKEZ VOTRE FACEBOOK/TWITTER AU MOINS 5 FOIS PAR JOUR

Quand on commence à se lasser de son travail, il faut trouver des occupations qui ne concernent pas forcément l'entreprise. Par contre, quand on est à fond dans son travail, on ne prend pas le temps de savoir si tel ou tel vous a posé une question ou a répondu à votre dernier message. Cependant, quand on commence à avoir fait le tour de son travail, ce que l'on faisait auparavant en 3 heures ne prend plus que la moitié de ce temps, expérience oblige. Mécaniquement, si le périmètre de sa mission n'évolue pas avec le temps, petit à petit, on finit par être désœuvré. Une étude de Redeapp.com, américaine, certes, a montré qu'un salarié était dérangé par les réseaux sociaux, Facebook et Twitter en premier, en moyenne toutes les 10 minutes et qu'il mettait en moyenne 23 minutes pour reprendre sa concentration ! Sa productivité chute, du fait des réseaux sociaux, de 30 % ! Vous imaginez ? 30 % !!! Pire : une étude Olfeo a montré que, chaque jour, en moyenne, un(e) salarié(e) passait 50 minutes par jour au travail sur ses réseaux sociaux personnels ! Pour résumer le problème, cela signifie que pour faire 100 % de son travail, et toucher 100 % de son salaire, nous pourrions passer pratiquement 12 % de temps en moins sur notre lieu de travail !!! Mais le présentéisme à la française nous pousse à le faire plutôt que de dire à notre boss :

Option 1 : hey, boss, vous n'auriez pas d'autres choses à me faire faire, je m'ennuie un peu là.

Option 2 : hey, boss, j'ai fini mon travail, je peux partir plus tôt aujourd'hui ?

Par ailleurs, cette (mauvaise) habitude de checker ses réseaux sociaux au travail plonge notre vie privée au sein de notre vie professionnelle alors que, comme beaucoup d'études le montrent, la séparation claire des deux sphères est une source d'équilibre et d'efficacité dans son travail. Bref, quand Bob a décidé de supprimer ses alertes Facebook, Instagram, Twitter et Snapchat de son téléphone, il s'est vite aperçu que, non seulement sa concentration augmentait, mais également qu'il réduisait drastiquement son envie de retourner chez lui au plus vite. Une fois au travail, sa vie personnelle ne passait plus la porte de l'entreprise.

LE TEMPS PASSE... LENTEMENT

Totalement lié au point précédent, mais il s'agit d'un symptôme différent : celui qui fait que le temps passé au bureau paraît une éternité, surtout vers la fin de journée. Les minutes paraissent des heures et l'on regarde l'heure toutes les deux minutes à partir de 17 heures en attendant l'heure à laquelle partir ne sera pas (trop) considéré comme une démotivation totale. Alors, pour faire passer le temps, on checke s'il se passe quelque chose sur les réseaux sociaux... la boucle est bouclée.

Selon Christian Bourion, auteur d'une grande étude sur le bore-out (phénomène qui consiste pour un employé à s'ennuyer au bureau), pour 90 % d'entre nous, il est totalement insupportable de s'ennuyer dans son travail. 30 % des salariés s'ennuieraient au travail, mais, en réalité, « seuls » 6% d'entre eux souffriraient de bore-out et ce chiffre ne va que croissant.

Bob s'ennuie certains jours, mais, il faut bien qu'il le reconnaisse, il est probablement plus du côté des 10 % de salariés qui ont ou vont faire un burn-out que du côté de ceux qui sont en bore-out ! Bob pourrait aussi souffrir de cette pathologie identifiée récemment, le « brown-out » (littéralement baisse de courant) qui concerne les salariés ne comprenant pas, ou plus, pourquoi ils font leur travail. La perte de sens en entreprise est, de fait, également une source de démotivation.

LA PROCRASTINATION DEVIENT LA RÈGLE

Pourquoi ne pas faire demain ce que l'on pourrait faire aujourd'hui ? Les missions qui, il y a quelques mois, vous intéressaient vous lassent terriblement désormais. Rien de grave dans l'absolu, c'est même normal. La nature humaine fait qu'en général, quand le train-train s'installe, que les automatismes ont remplacé la découverte, la démotivation n'est pas loin. Par contre, à force de procrastiner, on finit par ne plus avoir rien à faire qui nous motive !

Vous voyez ce dont je parle ? L'e-mail de votre collègue qui vient d'arriver dans votre boîte e-mail, 10 personnes en copie, et dans lequel vous sentez bien le concept de la patate chaude ? Oui oui, cet e-mail-là qui, réponse ou non, ne changera rien si ce n'est le plaisir de se dire qu'on en est débarrassé. Eh bien cet e-mail auquel vous répondiez dans la minute après réception, dans le meilleur des cas, vous lui mettez un marqueur pour le traiter plus tard, dans le pire, vous vous dites que vous y répondrez plus tard... et l'oubliez finalement.

Le problème avec la procrastination, c'est qu'elle n'a jamais fait disparaître les tâches que l'on n'aime pas, elle ne fait que les cumuler, faisant qu'au lieu de consacrer cinq minutes de temps en temps à celles-ci, l'on finit par être obligé d'y consacrer deux heures d'affilée pour toutes les traiter. Je ne sais pas vous, mais pour ce genre de tâches, c'est un petit peu comme les médicaments qui ont un mauvais goût. J'ai toujours mieux aimé ceux qui se diluent dans une petite cuillère que ceux que l'on doit boire en les diluant dans un grand verre d'eau !!!

Bob a des tâches qu'il n'aime pas, comme tout le monde. Mais globalement, quand il y réfléchit, pas tant que ça. Selon moi, la règle de Pareto (80 % des effets sont le produit de 20 % des causes) s'applique dans tout travail : tant que 80 % de son ennui potentiel au travail ne vient que de 20 % du temps que l'on y passe : tout va bien ! Au-delà, il faut éventuellement se poser des questions.

Il est tout à fait normal d'avoir une partie de sa journée de travail consacrée à des choses qui vous ennuient. La question est de savoir quelle en est la proportion : moins de 20 %, tout va bien, plus de 20 %, il faut se poser des questions : à vos calculettes.

TOUT VOUS EXCÈDE

Vous maîtrisez votre mission, vous le savez. Et l'une des conséquences peut être que vous ne supportez plus la moindre contrariété, la moindre remarque sur la qualité de votre travail.

Rappelez-vous comment cela se passait quand vous avez commencé ce boulot : à l'écoute de tout, curieux(se), voulant à chaque instant apprendre quelque chose de nouveau avec une (bonne) humeur constante. La nouveauté, même si elle peut parfois être anxiogène, a quelque chose d'enthousiasmant et de grisant. Pour faire le parallèle avec notre vie personnelle, il est clairement plus intéressant de visiter un musée pour la première fois que ce même musée pour la centième ! Aussi beau que soit ce musée, au bout d'un moment, il faut vraiment trouver beaucoup de motivation pour revoir les mêmes choses autant de fois et, surtout, conserver cette curiosité qui fera que vous regarderez avec une attention extrême et que vous remarquerez le détail qui vous avait échappé jusque-là. Dans un travail, c'est la même chose, à ceci près que l'on s'énerve assez peu souvent contre une statue ou un tableau. Par contre, contre son collègue qui demande pour la centième fois que vous lui expliquiez la même chose… c'est plus probable !

Quand tout devient source d'énervement, y compris le détail le plus insignifiant (la machine à café en panne, l'ascenseur qui n'arrive pas, vos tomates qui ne sont pas assez chaudes à la cantine ou le simple « bonjour » de votre voisin de bureau)… ce n'est pas le signe d'un bien-être absolu !

Avant, Bob, tout l'énervait, mais c'était dans sa nature. Sans dire qu'il est désormais devenu aussi zen que le Dalaï-Lama, en tout cas, il ne s'énerve pas tellement plus que quand il est arrivé dans ce job.

Ces cinq signes ne sont bien entendu pas les seuls, mais ils sont à mon sens les plus significatifs. Il faut, parfois, avoir le courage de reconnaître, et assumer que notre boulot nous ennuie. Et, comme dans un couple, il n'y a que deux options : redonner du « peps » au quotidien histoire de se remotiver ou bien se mettre à la recherche de son nouveau « dream job » ! La vie est courte et nous passons le plus clair de notre temps au travail, il est une obligation de faire en sorte que ce temps soit le plus agréable possible. En l'occurrence, dans le cas de Bob, changer de job n'est pas la solution à son relatif mal-être… il faudra donc chercher ailleurs !

ALORS BOB ?

Alors Bob… changement de boulot ou pas ?

Je sais pas trop.

Comment ça « je sais pas trop ».

Ben… je suis bien payé, tout le monde me connaît à mon poste, je suis autonome.

Et ?

T'es sérieux ? Pas envie de prendre des risques, moi !

Tu as peur de quoi ?

Perdre mon boulot par exemple, qu'est-ce que tu crois. Les boîtes, elles préfèrent les gens qui ne font pas de bruit à ceux qui l'ouvrent sans arrêt, non ?

Parce que tu crois que les entreprises avancent grâce à des gens qui sont immobiles ?

Non, forcément.

Et tu crois que ce sont les peurs des gens qui vont leur permettre de se mettre en mouvement ?

Euuuuuh... pour fuir, oui !

Ah ah ah... toujours aussi spirituel mon Bob ! J'espère quand même que tu auras appris deux ou trois choses avec moi.

Je te dis ça dans quelques semaines.

Promis ?

Promis !

TO DO DÈS DEMAIN

VOUS DEVEZ CHANGER DE TRAVAIL

- ☑ Faites la liste des métiers que vous souhaitez faire et vérifiez que vous en avez les compétences. Si ce n'est pas le cas, regardez les formations vous permettant d'atteindre votre objectif.

- ☑ Faites la liste des entreprises qui vous semblent être en phase avec vos valeurs et vos attentes.

- ☑ Lancez-vous : pour changer de travail, il ne faut pas attendre que l'actuel vous déprime totalement, car cela se verra lors des entretiens d'embauche. S'il est trop tard, pas d'inquiétude, vous mettre dans l'action vous remontra le moral instantanément.

- [x] Vous vous sentez l'âme d'un guerrier ninja sous amphétamines ? Démissionnez ou négociez votre départ. L'option « dire à votre boss tout le mal que vous pensez de lui » est acceptable, même si, franchement, au-delà du bien que cela vous fera sur le moment, cela ne servira en rien votre cause... et probablement pas votre négociation de départ.

TOUT VA BIEN AU TRAVAIL

- [x] Quand tout va bien, il faut redoubler d'attention. Regardez dans un couple, si tout va bien au temps « t » et que vous relâchez votre attention, petit à petit, la relation tombera dans la routine et, ça, c'est le début de la fin.

- [x] Faites la liste de tout ce que vous souhaiteriez faire et que vous ne faites jamais (du sport, vous remettre au piano, du yoga, etc.).

- [x] Fixez-vous comme objectif dans les 6 prochains mois de faire a minima une de ces choses !

- [x] Faites la liste de tout ce que vous aimez faire au quotidien. En cas de coup de mou, regardez cette liste !

ÉPILOGUE

Bon… nous voilà au bout. Que de travail en perspective me direz-vous. Oui et non ! Comme je le disais en introduction, vouloir être parfait est une erreur fondamentale. Ce sont nos défauts, les petits et les grands, qui nous définissent. Par contre, le jeu est d'essayer de gommer, d'atténuer, ceux qui sont un obstacle aux objectifs que l'on se fixe. Le « jeu » ? Oui, je suis convaincu qu'il faut voir notre vie professionnelle comme un jeu.

Franchement, qu'y-a-t-il de plus horripilant que les gens qui se prennent au sérieux dans leur quotidien professionnel, qui vous regardent si jamais vous osez faire une plaisanterie comme si c'était un crime de lèse-majesté ? Combien de personnes arrivent au bureau avec une tête de six pieds de long comme s'ils descendaient à la mine ? Je l'affirme, la vie professionnelle est un jeu, avec ses bons et ses mauvais côtés, mais au final, quand on sait jouer, c'est plaisant ! La question est d'en connaître les règles. Vous ne me croyez pas ? Laissez-moi essayer de vous convaincre :

PARFOIS ON GAGNE, PARFOIS ON PERD, TOUT LE PLAISIR VIENT DE LÀ. Un jeu dans lequel on gagne à chaque partie, en général, on se lasse. Et comme le disait la Française des Jeux il y a quelques années : il n'y a que ceux qui ont joué qui ont gagné ! Comme dans n'importe quel jeu, quand on commence à jouer, il faut accepter par avance la possibilité de perdre tout en faisant tout pour gagner. Si vous souhaitez avoir une certitude : ne jouez pas, vous serez certain(e) de ne pas gagner.

☛ **IL Y A DES RÈGLES.** Pour chaque marché, chaque entreprise, il y a des codes, des modes de fonctionnement particuliers. On ne joue pas à la belote comme on joue au poker, il en va de même avec les entreprises : il faut savoir s'adapter. C'est pour cela qu'il ne faut pas prendre chacun de mes chapitres au pied de la lettre. En pratique, il faudrait que j'écrive un livre pour chaque entreprise en fonction de sa culture propre... Un petit peu long à mon sens, mais je suis certain que vous saurez adapter mes conseils à votre situation spécifique. Il y a des tricheurs, ceux qui contournent les règles, ou en tout cas essayent, mais qui au final se font toujours prendre. Naïf ? Vous savez quoi, c'est ce que je croyais jusqu'à ce qu'un ami me demande de trouver, dans l'histoire de l'humanité, un seul méchant, un vrai de vrai, qui à la fin de sa vie n'ait pas perdu ! Il n'en existe pour ainsi dire pas. Je ne suis ni croyant, ni illuminé, ni naïf, mais je suis profondément convaincu que l'on tire avantage de tout le bien que l'on fait et que, a contrario, le mal que l'on peut faire nous revient en boomerang dans le visage un jour ou l'autre. Il y a les mauvais joueurs, ceux qui ne font que râler et pensent que quand quelque chose se passe mal, c'est forcément la faute de l'autre. Cette catégorie est assez ennuyeuse à vrai dire. Nous avons vu que râler pouvait être indispensable. Mais râler de façon stérile, rien que par principe... quelle horreur.

☛ **À PLUSIEURS, C'EST PLUS SYMPA.** Vous avez déjà essayé de jouer au poker, au football ou au tennis tout seul ? Certes, sur un ordinateur ou une console, c'est possible, mais franchement, quoi de mieux que d'échanger de bons moments avec ses congénères ? Et, en général, contrairement aux jeux électroniques, programmés pour répondre toujours de la même façon, avec des êtres humains, les surprises sont sans limite ! En entreprise, il en va de même. J'ai été dans ma carrière, à de nombreuses reprises, free-lance. Il y a dans ce statut de fortes chances de devenir neurasthénique si l'on n'y fait pas attention ! Rencontrer d'autres personnes, échanger ses idées, discuter, se confronter aux opinions divergentes... c'est toute la richesse de la vie en entreprise.

PRENDRE DES RISQUES, ÇA PAYE. Il n'y a aucun jeu dans lequel en étant tranquille, prudent, on remporte la partie et il en va de même pour nos carrières. Ce n'est pas en se contentant de faire ce que l'on nous demande ou en ne changeant pas de travail que l'on progresse. Bon, la différence entre un match de tennis et une carrière, c'est que ça dure un petit peu plus longtemps, je vous l'accorde.

S'AMUSER EST ESSENTIEL. Je ne sais pas vous, mais, personnellement, je n'ai jamais aimé le Trivial Pursuit, les parties sont longues, il y a toujours la personne qui a appris toutes les questions... bref, je n'aime pas ce jeu. Et vous savez quoi : je n'y joue plus ! Dans son travail, c'est pareil, on se lève toujours plus facilement pour aller dans un travail qui nous amuse, nous apprend, nous épanouit... à nous de le trouver. Je sais qu'il est plus facile de dire cela pour moi que pour un ouvrier à la chaîne en 3*8 et pourtant, j'ai rencontré des entreprises (Thales pour ne pas les nommer) qui changeaient les ouvriers de chaîne de façon très régulière afin qu'ils ne tombent jamais dans la routine.

CHANGER DE JEU, C'EST PLAISANT. Choisissez le jeu que vous préférez et imaginez-vous y jouer, tous les jours, du matin au soir pendant un mois. C'est comme toute chose, croyez-moi, vous allez vous lasser. Il en va de même avec le travail. Au quotidien d'abord, savoir diversifier ses activités, ça peut faire du bien... et dans le cas extrême, changez de travail. Je pense que nous sommes dans une société qui nous permet ce luxe, même en temps de crise, nous avons le choix de ne pas nous ennuyer dans notre travail ! J'en suis à mon dix-huitième métier en 25 années de carrière. C'est probablement un petit peu extrême, mais il faut croire que je suis joueur !

Je suis convaincu que si l'on prend conscience que notre vie professionnelle est un jeu comme un autre, on la regarde avec beaucoup plus de légèreté et, finalement, nous avons tout à y gagner : de la sérénité, de l'ambition pour atteindre les objectifs que l'on se fixe et de la joie de vivre... Essayez, ça vaut le coup !

Vive notre travail, vive nos carrières, vive nos vies personnelles, vive nos passions, et ne laissons jamais l'une ou l'autre partie de cette phrase dévorer l'autre !

MERCI...

À Vanessa, mon épouse et mon énergie quotidienne.

À Aline, mon extraordinaire éditrice.

À toutes celles et ceux que j'ai rencontrés pendant mes conférences et qui m'inspirent tant

Enfin,- à LinkedIn.

Retrouvez Gaël Chatelain
sur Twitter : @gchatelain
et sur son blog : www.gchatelain.com

Achevé d'imprimer en septembre 2018 par Cayfosa, Espagne,
pour le compte des éditions Marabout (Hachette Livre)
58, rue Jean-Bleuzen 92178 Vanves Cedex

Dépôt Légal : octobre 2017
978-2-501-13517-7
2954748/ 01